Wüest
Wie reagieren Sie, wenn …?

Irène Wüest

WIE REAGIEREN SIE, WENN …?

Herausfordernde Situationen meistern

Irène Wüest
Wie reagieren Sie, wenn …?
Herausfordernde Situationen meistern
ISBN Print: 978–3–0355–2664–6
ISBN E-Book: 978–3–0355–2665–3

Einige der Beiträge in diesem Buch wurden in gekürzter Fassung zwischen 2011 und 2023 in der «Luzerner Zeitung» und weiteren Titeln von CH Media veröffentlicht.

Bibliografische Information der Deutschen Nationalbibliothek:
Die Deutsche Nationalbibliothek verzeichnet diese Publikation in der Deutschen Nationalbibliografie; detaillierte bibliografische Daten sind im Internet über http://dnb.dnb.de abrufbar.

1. Auflage 2024
Alle Rechte vorbehalten
© 2024 hep Verlag AG, Bern

hep-verlag.com

Zusatzmaterialien und -angebote zu diesem Buch:
hep-verlag.ch/wie-reagieren-sie-wenn

INHALTSVERZEICHNIS

VORWORT 9

EINLEITUNG 11

1. KLAR KOMMUNIZIEREN — MIT KÖNNEN 13
- 1.1 Wie verbessere ich meine Mitarbeitendengespräche? 14
- 1.2 Meine Kinder erfüllen meine Bitten nicht. Was tun? 16
- 1.3 Wie bleibe ich mit meiner Partnerin im Gespräch? 18
- 1.4 Bewerbungsgespräch: Wie gehe ich mit heiklen Fragen um? 20
- 1.5 Warum spricht man mit mir wie mit einem Unmündigen? 22
- 1.6 Schweigen nach dem Streit – ist das schlechter Stil? 24
- 1.7 Wie reagiere ich am besten auf Killerphrasen? 26
- 1.8 «Ja, aber …» – ein Stimmungskiller. Wie sagt man es besser? 28
- 1.9 Wie schaffe ich es, auf Laute wie «Äh» zu verzichten? 30
- 1.10 Wie reklamiere ich höflich im Restaurant? 32
- 1.11 Muss ich als Vereinsleiterin jeden Streit schlichten? 34
- 1.12 Wie kann ich gutes Zuhören lernen? 36
- 1.13 Wie kann ich Kritik üben, ohne Streit zu provozieren? 38
- 1.14 Wie kann ich die Probleme des Kindes besprechen, ohne es aufzuregen? 40

2. VORSÄTZE UMSETZEN — MIT POWER 43
- 2.1 Was hilft gegen meine Antriebslosigkeit? 44
- 2.2 Wie lege ich das vorschnelle Urteilen über andere ab? 46
- 2.3 Lockerer zu Entscheidungen gelangen: Geht das? 48
- 2.4 Wie schaffe ich es, Aufgaben nicht immer zu verschieben? 50
- 2.5 Wie werde ich mir über meine Ziele klar? 52

3. SELBSTFÜRSORGE PFLEGEN — MIT FEINGEFÜHL 55
- 3.1 Wie vermeide ich es, als Chefin ausgenützt zu werden? 56
- 3.2 Soll ich die Enttäuschung schlucken oder kundtun? 58
- 3.3 Wie bekomme ich meine Wut bei der Arbeit in den Griff? 60

3.4	Darf man für ein Missgeschick beschuldigt werden?	62
3.5	Wie sage ich beim Einkauf selbstbewusst Nein?	64
3.6	Erschöpft und überarbeitet. Was hilft mir hier?	66
3.7	Was lässt sich gegen den Adventsstress tun?	68
3.8	Wie schütze ich mich vor notorischen Miesepetern?	70
3.9	Wie geht digitales Fasten?	72
3.10	Homeoffice: Ich vermisse mein Team!	74
3.11	Wie reagiere ich weniger sensibel auf Kritik?	76
3.12	Wie komme ich stressfrei durch das Leben?	78

4. KNIGGE ANWENDEN — MIT ELEGANZ — 81

4.1	Wie lange darf ich mir mit der Antwort Zeit lassen?	82
4.2	Wie formuliere ich Geschäftsschreiben überzeugend?	84
4.3	Ich kann mir Namen schlecht merken – gibt es da Tricks?	86
4.4	Wer ruft zuerst zurück, wenn die Verbindung weg ist?	88
4.5	Wie verabschiede ich mich stilvoll am alten Arbeitsort?	90
4.6	Muss ich mich dem «Du-Zwang» anpassen?	92
4.7	Niesattacken: Muss ich mich jedes Mal entschuldigen?	94
4.8	Mein Mann macht sich offen über andere lustig. Was tun?	96

5. ÄNGSTE ÜBERWINDEN — MIT BRAVOUR — 99

5.1	Was kann ich gegen meine Zukunftsängste tun?	100
5.2	Wie lasse ich ein schweres Jahr hinter mir?	102
5.3	Soll mein Kind seine Kritik an der Lehrperson selbst äußern?	104
5.4	Wie kann ich das Sorgenkarussell im Kopf stoppen?	106
5.5	Wie lerne ich, ungehemmt vor vielen Leuten zu reden?	108
5.6	Wie stärke ich das Selbstbewusstsein meines Enkelkinds?	110
5.7	Ich fühle mich unausgeglichen. Was kann ich tun?	112
5.8	Mit welcher Körperhaltung fühle ich mich mächtiger?	114

6. NETT SEIN — MIT ZURÜCKHALTUNG — 117

6.1	Warum nerve ich andere, wenn ich nett zu ihnen bin?	118
6.2	Wie tröste ich eine Kollegin bei einem Todesfall?	120
6.3	Keine Traueranzeige: Kondolieren unerwünscht?	122
6.4	Tragischer Todesfall in der Firma: Wie handhaben?	124
6.5	Soll ich mich nicht mehr für Kleinigkeiten entschuldigen?	126
6.6	Mein Enkelkind bedankt sich nie für Geschenke. Was tun?	128

7. RESPEKT EINFORDERN — MIT NACHDRUCK 131

    7.1   Muss ich die Mitarbeitenden wirklich ständig loben? 132

    7.2   Wie hole ich mir als Frau Respekt im Vorstand? 134

    7.3   Wie kann ich das Vertrauen im Verein wiederherstellen? 136

    7.4   Wie kann ich schlagfertiger werden? 138

    7.5   Wie sage ich «Nein», wenn ich die Enkelkinder nicht hüten kann? 140

    7.6   Respektlose Behandlung: Wie kann ich mich einsetzen? 142

    7.7   Wie kann ich in heiklen Situationen Zivilcourage zeigen? 144

LITERATUR 147

DANK 157

DAS BIN ICH – DIE AUTORIN 158

VORWORT

Liebe Leserinnen und Leser
Es ist mir eine Freude, Ihnen «Wie reagieren Sie, wenn …?», das zweite Buch von Irène Wüest, vorzustellen.

Als Expertin für Kommunikation, Führung und Persönlichkeitsentwicklung coacht Irène Wüest Führungskräfte und verfügt über einen reichen Erfahrungsschatz im Umgang mit Menschen und dem weiten Gebiet der Kommunikation.

Dieses Buch ist eine nahtlose Weiterführung ihrer ersten Publikation «Was sagen Sie, wenn …?» und bietet Ihnen praktische Antworten auf Fragen und Herausforderungen, die im Alltag oder im Berufsleben auftauchen.

In einer Welt, die von ständiger Kommunikation geprägt und gleichzeitig im stetigen Wandel ist, sind Handlungskompetenzen von entscheidender Bedeutung. Irène Wüest versteht es meisterhaft, komplexe Themen verständlich zu formulieren. Die Kommunikations-Rezepte in diesem Buch sind nicht nur fachkundig, sondern auch alltagstauglich. Sie helfen Ihnen, sprach- und ratlosen Momenten vorzubeugen und in schwierigen Situationen souverän zu reagieren. Und dabei gehen die Antworten weit über die Kommunikation hinaus und befassen sich je nach Fragestellung auch mit den Selbst- und Sozialkompetenzen.

Ein besonderes Highlight sind die weiterführenden Literaturhinweise, die in das Buch integriert sind, sowie die Verweise auf Zusatzmaterialien, die unter hep-verlag.ch/xy heruntergeladen werden können. So können Sie Ihr Wissen und Ihre ganz persönliche Handlungskompetenz vertiefen und sich kontinuierlich weiterentwickeln.

Ich wünsche Ihnen eine inspirierende Lektüre und hoffe, dass Sie aus diesem Buch wertvolle Impulse für Ihren beruflichen und privaten Alltag mitnehmen werden.

**HERZLICHST,
BEAT GURZELER**

hep-Autor der ersten Stunde,
Co-Autor u.a. von *Handbuch Kompetenzen* und *Staat und Wirtschaft*

AUGUST 2024

EINLEITUNG

Wie reagieren Sie, wenn …

— Sie für ein Missgeschick beschuldigt werden?
— Ihr Gesprächspartner oder Ihre Gesprächspartnerin Killerphrasen benutzt?
— Ihnen in einem Bewerbungsgespräch heikle Fragen gestellt werden?
— Sie mit einer Dienstleistung nicht zufrieden sind?
— Ihnen ein inniger Wunsch verwehrt wird?

Manchmal fällt uns spontan eine passende Reaktion ein, manchmal sind wir in einer solchen Situation perplex, überfordert und reagieren unangemessen oder gar nicht. Im Nachhinein fällt uns dann eine treffende Antwort ein – leider zu spät.

Grundsätzlich haben wir immer die Wahl, wie und vor allem wie schnell wir reagieren. Zwischen Reiz und Reaktion liegt ein Raum. Hier liegt unsere Macht zur Wahl unserer Reaktion. Wir haben immer eine Wahl, wie wir reagieren. Selbst wenn wir gewählt haben, unser Stammhirn automatisch reagieren zu lassen. Dann hat es mit uns reagiert, schnell, emotional, unüberlegt. Ziel wäre es, sich Raum und Zeit zu nehmen, um im Erwachsenen-Status, das heißt selbstverantwortlich zu handeln.

Alltägliche (berufliche) Situationen sind vielfältiger Natur und können uns und unsere Reaktionsfähigkeiten herausfordern. Jeder Mensch hat seine eigenen, individuellen Herausforderungen, die er oder sie meistern darf. Das, was wir selbst als selbstverständlich betrachten, kann für eine andere Person eine große Aufgabe sein.

Herausforderungen anzunehmen, bedeutet, aus unserer Komfortzone herauszutreten und unsere Fähigkeiten auf die Probe stellen zu lassen. Dies kann unangenehm sein und uns Angst machen. Doch dort, wo bekanntlich die Angst ist, sind unsere Grenzen und damit unser größtes Wachstumspotenzial. Trainieren wir also unsere Fähigkeiten und stellen wir uns den Situationen, die uns herausfordern! Dies ist ein Akt des Vertrauens in uns selbst und unsere Fähigkeiten. Wenn wir eine Herausforderung annehmen, öffnen wir uns dem Risiko des Scheiterns, aber eben auch der Möglichkeit, Neues zu lernen und zu wachsen. Oder gemäß den Worten von Ernst Ferstl, österreichischer Lehrer und Schriftsteller: «Jede neue Herausforderung ist ein Tor zu neuen Erfahrungen».

Dieses Buch soll Sie dabei unterstützen. Es beinhaltet 60 Fallbeispiele, die aus dem puren Leben gegriffen sind. Die Alltagssituationen stammen von Leserinnen und Lesern der CH-Medien und aus konstruierten Fragen, inspiriert durch meine Coaching-Klientel. Die Idee ist immer die gleiche: Ein Mensch gerät in eine Situation, in der er nicht richtig weiß, wie er reagieren soll …

Ich schildere in der Folge einen möglichen Lösungsweg, der zumeist auf einem theoretischen Modell basiert. Mein sogenanntes «Take a way» hat nicht den Anspruch, der einzig richtige Weg zu sein. Es geht mir vielmehr darum, Sie, liebe Leserinnen und Leser, zum Nachdenken anzuregen, zu inspirieren und Impulse für neue Wege zu geben, um Ihre persönlichen Handlungskompetenzen zu erweitern.

Das Buch ist in sieben Kapitel unterteilt, mit unterschiedlichen Themenfokussen – von «Klar kommunizieren», «Vorsätze umsetzen» und «Selbstfürsorge pflegen» über «Knigge anwenden», «Ängste überwinden» und «Nett sein» bis hin zu «Respekt einfordern». An gewissen Stellen gibt es ausserdem Verweise auf

Übungsblätter, die im Internet unter hep-verlag.ch/wie-reagieren-sie-wenn heruntergeladen werden können. Lustvolles Umsetzen, Üben, Anwenden und Vertiefen von Fähigkeiten ist angesagt.

Lernen heißt, sich und sein Handeln zu reflektieren und den Mut zu haben, sich neuen Herausforderungen zu stellen. Frei nach dem Motto: Raus aus der Komfortzone, rein ins pralle Leben mit dem Risiko, Fehler zu machen. «Fehler, Hindernisse und Schwierigkeiten sind Stufen, auf denen wir in die Höhe steigen», so der deutsche Philosoph Friedrich Nietzsche.

Ich lade Sie ein, sich den rund 60 Fallbeispielen zu stellen und Ihr Handlungsrepertoire zu überprüfen. Wie hätten Sie reagiert? In unserer Reaktion liegt unser Er-WACHSEN, unsere Entwicklung und unsere Freiheit.

Ich wünsche Ihnen viel Lesefreude und wertvolle Erkenntnisse.

Mögen Sie Ihren nächsten Herausforderungen gestärkt, gelassen und zuversichtlich begegnen und sie mit Bravour meistern.

IHRE IRÈNE WÜEST

EICH, AUGUST 2024

1

KLAR KOM-MUNIZIEREN

— MIT KÖNNEN

1.1 WIE VERBESSERE ICH MEINE MITARBEITENDENGESPRÄCHE?

Als Führungskraft führe ich demnächst wieder Mitarbeitendengespräche durch. Ich möchte mich hier noch verbessern und den Austausch mit den Mitarbeitenden intensivieren. Wie kann ich konkret Zeichen setzen?

Wir kommunizieren den ganzen Tag mit Menschen, doch wir sind uns oft nicht bewusst, dass Kommunikation nicht nur Reden, sondern auch Zuhören bedeutet. Insbesondere Führungskräfte vernachlässigen oft das Zuhören. Sie sind es gewohnt, das Sagen zu haben. Oft hören sie sich nur kurz an, was der oder die Mitarbeitende zu sagen hat, um sich schnell eine Meinung zu bilden und eine Entscheidung zu treffen. Dabei gehen Hintergründe verloren, was zu Fehlentscheidungen führen kann. Mehr noch, das flüchtige Zuhören vermittelt dem Gegenüber das Gefühl von Desinteresse und wirkt demotivierend.

Dass aktives Zuhören in der Gesprächsführung die Königsdisziplin ist, zeigen auch Umfragen. Werden Menschen gefragt, was sie sich von einem Gesprächspartner oder einer Gesprächspartnerin wünschen, antworten die meisten: Dass die Person mir aufmerksam zuhört und sich wirklich für mich interessiert.

Doch wie geht das konkret?

KURZ UND KNAPP
— Das aktive Zuhören wird oft vernachlässigt – gerade von Führungskräften.
— Es lohnt sich, genau zuzuhören, nachzufragen, sich einzufühlen.

BUCHTIPPS
— Gabrisch, Jochen (2020): Führungsinstrument Mitarbeiterkommunikation. managerSeminare Verlag, Bonn.
— Ledergeber, Ivo / Keller, Martin (2021): Mitarbeiter führen. KLV Verlag, Schaffhausen.

LÖSUNGSSTRATEGIEN

Nehmen wir folgende Situation an: Eine Vorgesetzte stellt ihrem Mitarbeitenden die Frage: «Wie geht es Ihnen und woran arbeiten Sie gerade?» Der Mitarbeitende antwortet: «Peter hat mir soeben das neue IT-Programm vorgestellt. Ich konnte nur schwer folgen und habe die Hälfte nicht verstanden.» Darauf die Vorgesetzte: «Ja, das Programm ist für neue Mitarbeitende eine echte Herausforderung. Es braucht Zeit und Geduld. Doch warum haben Sie denn nicht nachgefragt, wenn Sie etwas nicht sogleich verstanden haben?»

Ja, wie geht es diesem Mitarbeiter wohl, wenn er diese Antwort von der Vorgesetzten hört? Wahrscheinlich hat er gemischte Gefühle und hätte es sich anders gewünscht. Einerseits erhält der Mitarbeitende Zustimmung, andererseits wird er mit einer Frage belehrt und darauf hingewiesen, dass er nicht nachgefragt habe – als ob er nicht selbst in der Lage wäre, auf diese Idee zu kommen.

Und genau hier liegt der Hund begraben! Mit der abschließenden Frage zeigt die Vorgesetzte nicht wirklich Interesse für die Situation und Sichtweise des Mitarbeitenden, sondern sie stellt sich über ihn, sagt ihm, was er hätte tun können, und treibt ihn damit in die Defensive oder lässt das Gespräch in Schweigen ersticken.

Dabei wäre insbesondere im Mitarbeitendengespräch Verständnis gefragt, was so viel heißt wie Nachfragen oder in eigenen Worten wiederholen, was Sie als Führungsperson verstanden haben. Etwa: «Was meinen Sie genau mit ‹Sie konnten schwer folgen und haben die Hälfte nicht verstanden›? Was hätten Sie vielmehr gebraucht?»

Um sich nicht nur auf den Inhalt des Gesagten zu konzentrieren, ist es auch wichtig, «mit den Augen zu hören» beziehungsweise die körpersprachlichen Nuancen wahrzunehmen, indem Sie sich in den Menschen einfühlen und seine Gefühle ansprechen. Etwa: «Ich sehe gerade, dass du tief atmest. Könnte es sein, dass dich diese Situation beunruhigt?» Mit dieser Art des Zuhörens zeigen Sie dem Mitarbeitenden, dass es Ihnen ums Verstehen und nicht bloß ums Antworten geht. Das Gespräch wird für beide Seiten an Qualität gewinnen.

 ERKENNTNISSE FÜR MICH

> Solange man selbst redet, erfährt man nichts.
> Marie von Ebner-Eschenbach

 ZUSATZMATERIAL
— Übung «Aktives Zuhören»

1.2 MEINE KINDER ERFÜLLEN MEINE BITTEN NICHT. WAS TUN?

Meine Kinder hören mir nicht zu. Bitte ich sie, den Tisch zu decken oder ihre Jacken an die Garderobe zu hängen, muss ich es x-mal sagen, bis ich irgendwann laut werde. Erst dann erfüllen sie meine Bitte. Das kostet mich unnötige Energie. Wie können wir hier wieder gegenseitigen Respekt aufbauen?

Welche Eltern kennen das nicht: Man bittet höflich um etwas, doch es wird nicht gehört. Man wiederholt das Gesagte ein- bis zweimal. Wieder wird die Aufforderung nicht erfüllt, sondern mit einem «Ja, gleich» oder «Nein, jetzt nicht» beantwortet. Als Erziehungsberechtigte bekommt man so zunehmend das Gefühl, gegen eine Wand zu reden und nicht ernst genommen zu werden.

Man verliert die Geduld, wird laut, schreit und droht vielleicht sogar mit «Wenn du jetzt nicht sofort …, dann …». Das Ergebnis solcher Eskalationen sind weinende oder trotzige Kinder sowie hilflose und frustrierte Eltern.

Fazit: Wenn Eltern immer wieder in die «Brüllfalle» tappen, glauben Kinder, dass mit Schreien alles erreicht werden kann, ganz nach dem Motto «Wer brüllt, gewinnt». Damit fördern wir aggressives Verhalten unserer Kinder.

Doch es geht auch anders.

KURZ UND KNAPP
— Kinder leben in ihrer eigenen Welt.
— Mit Körpersprache können wir Kontakt herstellen.
— Eine Bitte sollte freundlich und bestimmt geäußert werden.

WEB
— Brüning, Wilfried (2022): Wege aus der Brüllfalle. Wenn Eltern sich durchsetzen müssen. Film.

Wilfried Brüning
www.bruening-film.de/
filme/
wege-aus-der-brullfalle-
elternversion

> Signale, nicht Worte zählen.
> Cornelia Topf

16 KAPITEL 1

LÖSUNGSSTRATEGIEN

Wilfried Brüning gibt zu diesem Thema in *Wege aus der Brüllfalle* (2022) Hinweise, wie es auch geht:

— **Schaffen Sie Nähe**
Worte allein überzeugen unsere Kinder nicht, insbesondere, wenn sie aus der Ferne gerufen werden. Worte sind zu schwach. Kinder sind gemäß Brüning Hüllenwesen, die mit all ihren Sinnen experimentieren wollen. Sie sind in ihrer Welt, umgeben von einer Art Schutzmantel, der sie abschirmt. Für Erziehungsberechtigte sind sie dann schwer zu erreichen. Auf Zuruf reagieren sie selten sofort.
Besser ist es, die Arbeit zu unterbrechen und persönliche Nähe zu schaffen. Erst durch Körpersprache erreichen Sie ein Kind, erst dann spürt es, dass wir unsere Aufforderung ernst meinen. Suchen Sie den Blickkontakt. Schauen Sie das Kind offen und freundlich an, denn ein drohender und bohrender Blick macht Kinder ängstlich oder aggressiv.

— **Drücken Sie sich kurz, klar und deutlich aus**
Damit die Kinder Ihre Ernsthaftigkeit spüren, sprechen Sie Ihre Forderung am besten kurz und bestimmt aus. Zu langes Reden verwässert Ihre Bitte und Ihre Wirkung als elterliche Autorität. Und je mehr Sie sprechen, desto weniger werden Sie vom Kind gehört. Es schaltet ab.

— **Bleiben Sie ruhig**
Bringen Sie Ihr Anliegen laut und hektisch vor, besteht die Gefahr, dass Sie Ihr Kind einschüchtern und es erstarrt und sich von Ihnen entfernt. Deshalb sollten Sie gekonnt schweigen, sobald Sie Ihre Aufforderung ausgesprochen haben, damit der Druck steigt, Ihr Anliegen zu erfüllen.

Sich als Erziehungsberechtigte oder Erziehungsberechtigter durchzusetzen, erfordert Kraft. Gut ist, wenn wir uns immer wieder vergegenwärtigen, dass unsere Kinder uns nicht ärgern wollen, sondern den Körperkontakt benötigen, um unsere Anliegen zu erfüllen. Nur so lassen sich nervenaufreibende Momente, kräfteraubendes Brüllen oder überflüssige Drohungen vermeiden. Der Erfolg liegt bei Ihnen.

ERKENNTNISSE FÜR MICH

1.3 WIE BLEIBE ICH MIT MEINER PARTNERIN IM GESPRÄCH?

Oft sieht man Paare in Restaurants, die sich scheinbar nichts mehr zu sagen haben. Die Vorstellung, dass meiner Partnerin und mir das auch mal passieren könnte, macht mir zu schaffen. Wie ist dieses Schweigen in einer Beziehung zu deuten und vor allem auch zu durchbrechen?

Schweigen in einer Beziehung kann laut und leise sein. Leise, wenn es angenehme Momente der Ruhe und der Stille sind, die harmonisch und entspannend wirken. Ein Paar genießt gemeinsam sowohl schweigende als auch «sprechende» Augenblicke.

Nimmt hingegen die stille Kommunikation in einer Beziehung zu viel Raum ein, kann das Schweigen «laut» werden. Nach Jahren des Zusammenseins herrscht in vielen Beziehungen das große Schweigen. Man hat sich nichts mehr zu sagen. Man hat sich emotional entfremdet und spricht nicht mehr dieselbe «Sprache».

Die tägliche Routine kann nach und nach den Austausch über Gefühle, Veränderungen, Einstellungen ersticken. Es wird nur noch über das Nötigste gesprochen, wie etwa die Alltagsorganisation. Jeder hängt seinen eigenen Gedanken nach und lässt den Partner oder die Partnerin nicht mehr daran teilhaben, macht alles mit sich selbst aus, zieht sich zurück und verstummt.

Schnell entwickelt sich so eine Spirale der Wortlosigkeit. Eine Stille, die keine Wege öffnet, sondern eine, die im Weg steht. Hinzu kommt: Wir meinen den Partner genau zu kennen und deuten in sein Schweigen oft unsere Gedanken hinein. Oft sind jedoch unsere Deutungen nicht richtig. Unausgesprochene Worte sind Gedanken, die still und leise sind, aber in uns laut wirken können. Das ist Gift für eine Beziehung.

Doch wie lässt sich die vielsagende Wortlosigkeit in einer Beziehung durchbrechen?

Indem wir uns unserer Verhaltensmuster bewusst werden und miteinander kommunizieren!

KURZ UND KNAPP
— Schweigen in einer Beziehung muss nicht per se negativ sein.
— Wird das Schweigen jedoch zu laut, ist es Zeit, sich emotional wieder näherzukommen.
— Suchen Sie bewusst gemeinsame Zeiten für gute Gespräche, denn eine Beziehung muss gepflegt werden.

BUCHTIPP:
— Bodenmann, Guy / Fux, Caroline (2015): Was Paare stark macht. Das Geheimnis glücklicher Paare. Beobachter Verlag, Zürich.

WEB
— Beziehungskosmos. Podcast.

Beziehungskosmos
www.beziehungs-
kosmos.com/

LÖSUNGSSTRATEGIEN

Üben Sie sich im expressiven Schreiben
Schreiben Sie sich alles von der Seele. Was wünschen Sie sich? Was fehlt Ihnen? Dies befreit und lässt Sie mögliche Handlungsstrategien entwickeln.

Reflektieren Sie Ihre Beziehung im Guten
An welche schönen Erlebnisse können Sie sich erinnern? Was gefällt Ihnen an der Partnerschaft? Schärfen Sie Ihren Blick für das Gute. Teilen Sie dies Ihrem Partner oder Ihrer Partnerin hin und wieder mit. Komplimente erfreuen und laden ein, erwidert zu werden.

Planen Sie gemeinsame Zeiten für Gespräche ein
Versuchen Sie bewusst, gemeinsame Zeiten für Gespräche einzuplanen – ohne jegliche Ablenkungen wie beispielsweise das Smartphone.

Reden statt denken. Durchbrechen Sie die Mauer des Schweigens.
Oft denken wir zu viel und reden zu wenig. Durchbrechen Sie die Mauer des Schweigens. Etwa so: «Ich weiß nicht wirklich, was los ist. Ich habe das Gefühl, wir haben seit Wochen nicht mehr miteinander gesprochen. Hättest du heute Abend Zeit zu reden?»

Oder: «Wir haben in letzter Zeit nicht besonders viel miteinander geredet. Ich vermisse dich.»

Oder: «Können wir miteinander reden? Ich weiß, ich habe mich in letzter Zeit etwas distanziert. Ich weiß nicht genau, wie ich es erklären soll. Hättest du jetzt Zeit, um darüber zu reden?»

Das Motto lautet: Im Austausch bleiben! Denn manchmal ist Schweigen Silber und Reden Gold.

Eine Beziehung ist vergleichbar mit einer Zimmerpflanze: Pflegst du sie, so wächst sie. Vernachlässigst du sie, dann trocknet sie aus.

ERKENNTNISSE FÜR MICH

> Worte können Fenster sein – oder Mauern.
> Marshall B. Rosenberg

1.4 BEWERBUNGSGESPRÄCH: WIE GEHE ICH MIT HEIKLEN FRAGEN UM?

Mir steht ein Vorstellungsgespräch bevor. Wie gehe ich mit heiklen Fragen um, etwa betreffend Gesundheit, Familienplanung oder den Grund, wieso ich den letzten Job verlassen habe? Sollte man solche Fragen beantworten? Darf man auch Dinge verschweigen? Worauf soll ich besonders achten?

Mit der Einladung zum Vorstellungsgespräch gilt es, den potenziellen Arbeitgeber oder die potenzielle Arbeitgeberin zu überzeugen. Neben dem Gesamteindruck und Ihrer Qualifikation sind Ihre Antworten auf Fragen entscheidend.

Dabei will der oder die Personalverantwortliche so viel wie möglich über Sie erfahren. Fragen nach der Ausbildung, dem Werdegang, Ihren Zielen oder Weiterbildungsplänen, ebenfalls Fragen zu Ihrer Persönlichkeit sowie Ihren Stärken und Schwächen werden gestellt.

Auch Erkundigungen zu den Gründen des Stellenwechsels und zu Besonderheiten im Lebenslauf – etwa eine lange Studienzeit, häufiger Jobwechsel oder Beschäftigungslücken – müssen Sie sich gefallen lassen. Grundsätzlich sollten Sie diese Fragen vollständig beantworten.

Um Sie aus der Reserve zu locken, werden auch gerne heikle oder gar unzulässige Fragen gestellt. Es geht hier nicht in erster Linie um den Inhalt Ihrer Antwort, sondern vielmehr um Ihre Stresskompetenz. Die Art und Weise, wie Sie darauf reagieren, gibt Aufschluss über Ihre Persönlichkeit und ermöglicht Rückschlüsse auf Ihr zukünftiges Verhalten sowie Ihre zukünftige Leistung im beruflichen Bereich.

Im Folgenden finden Sie Hinweise, was überhaupt als heikle Frage gilt, und Tipps für den Umgang damit.

KURZ UND KNAPP
— Bei heiklen Fragen geht es weniger um den Inhalt Ihrer Antwort als um Ihre Art, darauf zu reagieren.
— Grundsätzlich empfiehlt es sich, die Wahrheit zu sagen, außer eine Frage ist privat und steht nicht im Zusammenhang mit der Stelle.
— Überschreiten heikle Fragen die Grenzen, gilt das Wahrheitspostulat nicht. Mehr noch: Überlegen Sie sich, ob es wirklich der richtige Arbeitgeber für Sie wäre.

WEB

— Epprecht, Michèle (2018): Heikle Fragen.
— Steger, Mathias (2022): Heikle Fragen im Bewerbungsgespräch.
— Career Academy (o. J.): Heikle Fragen im Bewerbungsgespräch meistern.

 Michèle Epprecht
www.beobachter.ch/arbeit/stellensuche/heikle-fragen-14787

 Mathias Steger
www.jobs.ch/de/job-coach/heikle-fragen-im-bewerbungsgespraech/

 Career Academy
www.career-academy.de/tipps/bewerbung/heikle-fragen-im-bewerbungs-gespraech-meistern

> Alles was du sagst, sollte wahr sein. Aber nicht alles was wahr ist, solltest du auch sagen.
> **Voltaire**

LÖSUNGSSTRATEGIEN

Heikle Fragen

Heikle Fragen sind etwa «Welche Rolle spielt Geld für Sie?» oder «Arbeiten Sie lieber im Team oder allein?». Nehmen Sie sich bei solchen Fragen ruhig ein paar Sekunden zum Nachdenken, und starten Sie mit einer unverbindlichen Antwort wie «Es kommt darauf an …».

Fragen zur Privatsphäre

Fragen, die Ihre Privatsphäre betreffen und in keinem Zusammenhang mit der Stelle stehen, sind unzulässig. So ist etwa die Frage zu Ihrem allgemeinen Gesundheitszustand prinzipiell nicht erlaubt. Bestehen jedoch gesundheitliche Probleme oder Krankheiten, die sich auf die Arbeit auswirken, wird empfohlen, dies offenzulegen.

Auch hinsichtlich der Frage zur Familienplanung sollten Sie eine Antwort bereithalten, die sehr generell sein kann, etwa: «Damit habe ich mich noch nicht beschäftigt. In den nächsten Jahren möchte ich mich auf den Job konzentrieren.» Sind Sie bereits schwanger und ist im betreffenden Job körperliche Fitness wichtig, sollten Sie es nicht verschweigen.

Überschreitet ein potenzieller Arbeitgeber oder eine potenzielle Arbeitgeberin mit den Fragestellungen die Grenzen, sind Sie nicht verpflichtet, wahrheitsgetreu zu antworten. Mehr noch: Überlegen Sie sich, ob Sie hier wirklich arbeiten wollen. Gut ist, wenn Sie sich im Vorfeld Gedanken machen, mit welchen Fragen zu rechnen ist. Wichtig ist aber auch, dass Sie keine Antworten auswendig lernen.

Zu guter Letzt – auch Sie dürfen Fragen stellen wie zum Beispiel «Wie wird mein Arbeitstag aussehen?» oder «Wie werde ich eingearbeitet?» Sie zeigen damit, dass Sie das Gespräch nicht nur als unverbindliches Kennenlernen ansehen, sondern als Einstieg in eine neue Aufgabe.

ERKENNTNISSE FÜR MICH

1.5 WARUM SPRICHT MAN MIT MIR WIE MIT EINEM UNMÜNDIGEN?

Ich bin 60 geworden. Bei einem Spitalaufenthalt fiel mir auf, dass ich gerade von jüngeren Leuten auf eine entmündigende Art angeredet wurde. In einem Tonfall, als wäre ich ein Kind, hieß es etwa: «Wie geht es uns heute?» Oder mir wurde gesagt «Sie dürfen den Arm hier hinlegen», obwohl es hier ja eigentlich um eine Anweisung geht. Warum machen sie das?

Unsere Sprache ist fester Bestandteil des Alltags. Redewendungen wie «Sie dürfen jetzt ...» oder «Darf ich ...» werden von den meisten Menschen, unabhängig vom Alter, nicht auf ihre tatsächliche Bedeutung reflektiert und noch seltener auf ihre Wirkung hinterfragt. Wir merken meistens nicht, was genau wir sagen. Vielmehr passen wir uns unbewusst dem privaten und beruflichen Umfeld und den dort praktizierten Sprachgewohnheiten an.

Worte sind nicht an sich gut oder schlecht, falsch oder richtig. Sie haben aber eine Wirkung, die über den Inhalt hinausgeht. Wichtig ist, sich dessen bewusst zu sein, gerade in einem Tätigkeitsfeld, in dem wir direkt mit Menschen zu tun haben. Empfänger und Empfängerinnen nehmen Botschaften manchmal mit erhöhter Sensibilität wahr und bringen sie in Zusammenhang mit ihrer Situation, die unter Umständen nicht leicht ist.

KURZ UND KNAPP
— Die Wirkung von Formulierungen ist uns oft nicht bewusst.
— Es gibt Personen, die eine Anweisung übertrieben höflich erteilen. Dadurch geht die Augenhöhe mit dem Gesprächspartner / der Gesprächspartnerin verloren, diese können sich quasi entmündigt fühlen.
— Viel besser sind klare Anweisungen, allenfalls gekoppelt mit «Bitte» oder «Danke».

BUCHTIPPS
— Scheurl-Defersdorf, Mechthild R. / Stockert, Theodor (2022): Sprache und Wirkung. Das Praxisbuch für erfolgreiche Kommunikation. Lingva Eterna Verlag, Erlangen.
— Scheurl-Defersdorf, Mechthild R. (2023): Die Kraft der Sprache – 40 Karten für Pädagogen. Lingva Eterna, Erlangen.
— Schaffer-Suchomel, Joachim / Krebs, Klaus (2020): Du bist, was du sagst. Was unsere Sprache über unsere Lebenseinstellung verrät. MVG Verlag, München.

LÖSUNGSSTRATEGIEN

«Höflichkeitswort» nicht als versteckte autoritäre Aufforderung missbrauchen

Das Wort «dürfen» gehört wie etwa «müssen» oder «wollen» zu den Modalverben, die die Art und Weise angeben, in der die Handlung geschieht. Der oder die Sprechende möchte mit der Aussage «Sie dürfen …» höflich sein. Denn eigentlich «will» er/sie etwas von Ihnen. «Dürfen» bezeichnet hier eine Berechtigung, eine Autorisierung im Sinne von «Ich hole mir von Ihnen die Erlaubnis, damit Sie tun, was ich von Ihnen will». Allerdings können Sie als Patient oder Patientin in diesem Fall praktisch gar nicht «Nein» sagen. Die «Darf»-Formulierung ist darum nicht korrekt, denn sie verschleiert die autoritäre Aufforderung. Entsprechend erfolgt das Gespräch nicht mehr auf Augenhöhe. Das irritiert verständlicherweise.

Frage nicht mit Aufforderung vermischen

Unklar ist auch eine Kombination mit «bitten»: «Darf ich Sie bitten … ?». Eine Frage wird mit einer Aufforderung vermischt. Besser ist es, die Anweisung klar zu formulieren, zusammen mit einem höflichen «Bitte». Zum Beispiel so: «Bitte legen Sie Ihren Arm hierhin.»

Sich die Wirkung von Sprache bewusst machen

Generell gilt: Modalverben machen Aussagen oder Aufforderungen eher unklar. In der Regel verzichten Sie besser darauf, formulieren stattdessen mit Vollverben und stellen ein «Zauberwort» wie «Bitte» und «Danke» dazu. Damit begeben Sie sich mit Ihrem Gegenüber auf Augenhöhe und bewirken Verständnis ohne Irritation.

Es ist lohnenswert, sich ab und zu bedachtsam und mit Freude die Wirkung unseres Sprachgebrauchs bewusst zu machen. Dies gelingt uns, indem wir zum Beispiel eine neue Satzstellung im Gespräch ausprobieren. Oder für einen Inhalt eine neue Form wählen, dabei vielleicht einzelne Worte durch andere ersetzen. So erfahren wir, welche Wirkung unsere Worte auf andere Menschen haben.

ERKENNTNISSE FÜR MICH

> Werden wir uns der Magie unserer Sprache bewusst.
> Denn Sprache ist nicht nur die Grundlage für klare Verständigung, sondern auch für schnelle und gezielte Veränderung.

1.6 SCHWEIGEN NACH DEM STREIT – IST DAS SCHLECHTER STIL?

Mein Mann und ich führen eine sehr glückliche Beziehung, außer wenn wir Streit hatten. Denn nach jedem Streit ignoriert mich mein Mann tagelang. Für mich ist das schlechter Stil und keine lösungsorientierte Kommunikation. Wie reagiere ich am besten darauf?

Streiten will gelernt sein. Und: Eine gesunde Beziehung ohne Konflikte ist eine Illusion. Umso mehr ist es wichtig, beim Streiten ein paar Spielregeln einzuhalten. Nach einem Streit kalt abgestraft zu werden und dies über Tage hinweg, ist zermürbend, verletzend und nagt am Selbstwertgefühl.

Etwas anderes wäre es, wenn eine Person sich nach einem Streit erst einmal für ein paar Stunden zurückzieht, um sich zu sammeln und zu beruhigen. Eine solch einvernehmliche Absprache wäre sogar positiv, da wir geneigt sind, in der Hitze des Gefechts Worte zu äußern oder Dinge zu tun, die wir im Nachhinein bereuen.

Doch in Ihrer Beziehung zieht sich Ihr Partner gleich tagelang zurück. Dies ist ein Zeichen grober Missachtung und bringt die Beziehung in echte Gefahr. Ich habe dafür zwei mögliche Erklärungsansätze: Könnte es erstens sein, dass Sie beide aggressiv streiten? Vorwürfe, Anschuldigungen, Rechtfertigungen, Schuldzuweisungen und Du-Botschaften nutzen und damit dem Gegenüber keinen Handlungsspielraum lassen? Ein aggressiver Streitstil ist für beide Parteien sehr destruktiv und zerstört das Vertrauen. Um nicht unterzugehen, versteckt sich Ihr Mann hinter einer Mauer des Schweigens. Oft entsteht ein Teufelskreis. Um der mauernden Person eine Reaktion zu entlocken, werden Sie noch lauter und provozierender, was jedoch die Barriere verstärkt. Wenn Sie sich in dieser Erklärung wiederfinden, rate ich Ihnen beiden, Ihr Kommunikationsverhalten unter die Lupe zu nehmen und zu verbessern.

Ein zweiter Erklärungsansatz könnte sein, dass Ihr Mann in seiner Ursprungsfamilie nicht gelernt hat, wie man Konflikte konstruktiv löst. Womöglich hat er nicht gelernt, seine Meinung zu sagen, ohne zu verletzen, auf seine Gefühle zu hören und in einem Streit Verantwortung für die Beziehung zu übernehmen, indem man sich austauscht und eine gute Lösung für beide Seiten sucht. Das wäre eine erlernte Unfähigkeit, Konflikte zu lösen. Professionelle Hilfe könnte hier unterstützen, konfliktfähiger zu werden. Und was können Sie beide für sich tun?

KURZ UND KNAPP
— Streiten in der Partnerschaft ist wichtig, will aber gelernt sein.
— Ich-Botschaften und die Bereitschaft zuzuhören sind für einen konstruktiven Streit unerlässlich.

WEB
— Buhl, Gina (2022): Glückliche Paare streiten nicht weniger, aber anders.

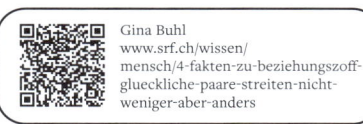

Gina Buhl
www.srf.ch/wissen/
mensch/4-fakten-zu-beziehungszoff-
glueckliche-paare-streiten-nicht-
weniger-aber-anders

BUCHTIPPS
— Bodenmann, Guy / Fux, Caroline (2015): Was Paare stark macht. Das Geheimnis glücklicher Paare. Beobachter Verlag, Zürich.
— Hühn, Susanne (2021): Ich lasse deines bei dir. Schluss mit toxischen Beziehungen und Co-Abhängigkeit. Schirner Verlag, Darmstadt.

LÖSUNGSSTRATEGIEN

Überprüfen Sie Ihr persönliches Kommunikationsverhalten
Halten Sie bei einem Streit inne und lassen Sie Ihre Wut verrauchen. Vermeiden Sie es, Kritik wie eine unumstößliche Tatsache mit Worten wie «immer», «alles», «nie» zu formulieren. Nutzen Sie Ich-Botschaften und geben Sie Ihre Gefühle und Wünsche preis.

Übernehmen Sie Verantwortung
Übernehmen Sie Verantwortung für Ihre Beziehung und gehen Sie in Ihr Erwachsenen-Ich. Gehen Sie auf Ihren Partner zu und sagen Sie: «Lass uns das bitte jetzt klären.»

Tun Sie sich Gutes und zollen Sie sich Respekt
Verlassen Sie konsequent das Haus, wenn Ihr Mann Sie ignoriert. Zeigen Sie ihm, dass Sie das nicht mit sich machen lassen.

Hören Sie zu und zeigen Sie Bereitschaft für Veränderung
Ist Ihr Mann nicht bereit, etwas zu ändern, dann ist es definitiv Zeit, Ihre Partnerschaft zu überdenken und nicht sich selbst. Streiten in der Partnerschaft ist wichtig, will jedoch gelernt sein. Das Nutzen von Ich-Botschaften und Zuhören sind für einen konstruktiven Streit unerlässlich.

ERKENNTNISSE FÜR MICH

> Wer streiten will, muss sich hüten, bei dieser Gelegenheit Sachen zu sagen, die ihm niemand streitig macht.
> Johann Wolfgang von Goethe

ZUSATZMATERIAL
— Übung «Ich-Botschaften»
— Übung «4B-Modell»

1.7 WIE REAGIERE ICH AM BESTEN AUF KILLERPHRASEN?

Wenn ich bei meiner Partnerin eine Idee oder einen Vorschlag einbringe, schmettert sie dies oft mit einem kurzen «Das geht nicht» ab. Ich bin dann völlig perplex und hake nach, was ihr am Vorschlag nicht gefällt. Eine konkrete Antwort erhalte ich aber meistens nicht. Was könnte ich tun, damit dieses Muster aufhört?

Ein kurzer Satz kann einen Dialog zerstören. «Das geht nicht» ist eine sogenannte Killerphrase, die meist so formuliert ist, dass sie den Anschein von Autorität und Wissen erweckt, um damit den Vorschlag des Gegenübers abzuwerten oder die Person in eine unterlegene Position zu zwingen. Das Gespräch kommt dadurch schnell zum Erliegen und eine weiterführende konstruktive Diskussion über das ursprüngliche Thema wird verhindert. Stillstand, Rückzug, Demotivation können die Folgen sein.

Killerphrasen sind inhaltlich nahezu leere Aussagen. Sie dienen ausschließlich dazu, einer Sachdiskussion auszuweichen, weil Argumente fehlen. Dann werden sie herausgeschleudert, damit sich die Person dennoch durchsetzen kann. Menschen, die dieses rhetorische Werkzeug nutzen, können dies mit Absicht tun oder im Sinne eines unreflektierten Ausspruchs, der sie schon oft zum Erfolg führte.

Die meisten Menschen reagieren auf «Das geht nicht» mit Erläuterungen, dass es sehr wohl gehe. Wir wollen beweisen, dass es tatsächlich geht, und bringen Argumente im Stil von «Es geht doch, weil erstens, zweitens ...». Damit laufen wir in Gefahr, dass wir uns verausgaben und dennoch nicht weiterkommen. Fragen wir hingegen «Wieso soll das nicht gehen?», so zerreden wir die Gründe, die dagegensprechen. Das verstärkt die Position des Gegenübers und macht es schwierig, wieder an einen Punkt zu kommen, an dem der Vorschlag möglich scheint. Beide Strategien bringen uns also nicht weiter.

KURZ UND KNAPP
— Mit Killerphrasen wird einer Sachdiskussion ausgewichen.
— Bringen Sie den «Killer» mit einer positiven Frage oder mit einem schlichten «Inwiefern?» zum Nachdenken.

WEB
— Spiegel (2017): 50 Beispiele für Killerphrasen.
— Pöhm, Matthias (2018): Kontern leicht gemacht: So wirst du rhetorisch unbesiegbar.
— Stangl, Werner (o. J.): Umgang mit Killerphrasen.

 Spiegel
www.spiegel.de/
fotostrecke/50-beispiele-
fuer-killerphrasen-
fotostrecke-146316.html

 Matthias Pöhm
www.youtube.com/
watch?v=iaxHkaUmSqI

 Werner Stangl
https://arbeitsblaetter.
stangl-taller.at/
KOMMUNIKATION/
Killerphrasen.shtml

BUCHTIPPS
— Pöhm, Matthias (2015): Das NonPlusUltra der Schlagfertigkeit. Die besten Techniken aller Zeiten. Mvg Verlag, München.
— Pöhm, Matthias (2012): Schlagfertigkeit auf dem Schulhof. Wie man Großmäulern clever Paroli bietet. Pöhm Seminarfactory, Bonstetten.

LÖSUNGSSTRATEGIEN

Eine positive Frage stellen
Um die destruktive Wirkung der Killerphrase zu entkräften, ist es besser, eine Frage zu stellen, die ins Positive führt. Zum Beispiel: «Wie könnte es deiner Meinung nach gehen?» Oder: «Was müsste passieren, damit es geht?» Damit bringen wir unser Gegenüber zum Nachdenken, wie es gehen könnte, statt im Negativen stecken zu bleiben oder es sogar noch zu vertiefen. Mehr noch, mit diesem Vorgehen bringen wir die Person zum Sprechen und finden eher heraus, ob hinter der Killerphrase sachliche oder emotionale Gründe stecken. Erst dann kennen wir ihre Argumente und müssen uns nicht um eigene bemühen.

Es gibt jede Menge Killerphrasen wie zum Beispiel «Dafür habe ich keine Zeit» oder «Das bringt gar nichts» – das Muster ist jedoch immer das gleiche. Stellen wir jedoch Fragen, die ins Positive führen, erfahren wir, was hinter der Aussage steckt.

Ein schlichtes «Inwiefern?»
Fällt Ihnen keine passende Frage ein, versuchen Sie es schlicht mit «Inwiefern?». So erhalten Sie Zeit, sich zu sammeln und das weitere Vorgehen zu überlegen. Vielleicht steckt gar nichts hinter der Phrase, dann können Sie sagen: «Lass es uns einfach ausprobieren».

Und manchmal ist es passend, den Killersatz einfach zu überhören. Entscheiden Sie in der Situation, was Sie für richtig halten.

ERKENNTNISSE FÜR MICH

> Sie müssen mich mit jemandem verwechseln, den es interessiert.

ZUSATZMATERIAL
— Übung «Killerphrasen»

1.8 «JA, ABER ...» – EIN STIMMUNGSKILLER. WIE SAGT MAN ES BESSER?

In Gesprächen, sei es privat oder beruflich, antworten Menschen auf Ideen oder Vorschläge sehr oft mit «Ja, aber ...». Meistens kippt dann die Stimmung. Warum hat diese Allerweltsfloskel so eine große negative Wirkung? Und welche alternativen Formulierungen wären konstruktiver?

Gespräche gehören zu unserem Alltag – sei es zwischen zwei Personen oder in Gruppen. Es werden Ideen eingebracht, Angebote gemacht. Und manchmal kommt es vor, dass noch vor Ende unserer Ausführungen ein Gesprächspartner oder eine Gesprächspartnerin ein «Ja, aber ...» platziert.

Auch wenn das «Ja» als zustimmende Ergänzung zum Argument des Vorredners oder der Vorrednerin wahrgenommen wird, täuscht es. Denn mit dem nachgeschobenen «Aber» weicht die Illusion der Zustimmung. Auf der Beziehungsebene klingt das «Aber» nach «Du liegst falsch» oder «Sie liegen falsch». Mit dem «Ja» mache ich die Tür auf, mit dem «Aber» sogleich wieder zu.

Und genau das ist der Kern des Problems. Mit «Ja, aber ...»- Formulierungen vermitteln Sie Ihrem Gegenüber stets Bedenken – an seiner Idee, seinem Vorschlag, seiner Vorgehensweise. Das «Aber» bewertet und stellt den eigenen Standpunkt dem anderen entgegen oder sogar über ihn. Der Gesprächspartner oder die Gesprächspartnerin fühlt sich angegriffen und beginnt sich zu rechtfertigen. So kippt eine lockere Atmosphäre plötzlich in gereizte Stimmung, man wird lauter und diskutiert hitziger.

Obwohl die Ideen wirklich gut waren und das Interesse von beiden Seiten ehrlich war, entwickelt sich ein als unangenehm wahrgenommener Schlagabtausch anstelle einer lösungsorientierten Diskussion. Was ein kleines Wort doch für große Auswirkungen haben kann.

Was können wir dagegen tun?

KURZ UND KNAPP
— Mit «Ja» machen Sie die Tür auf, mit «Aber» wieder zu.
— Die Türe lässt sich offen halten, indem Sie sich auf das «Ja» konzentrieren und ein «Und» oder «Genau» anhängen. Diese Formulierungen sind eine Einladung zum Weiterdenken.

WEB
— Bligg (2018): Ja, aber. Song.

Bligg
www.youtube.com/watch?v=vA6J7lxgWBA

BUCHTIPP
— Kühne de Haan, Lelia (2023): Ja, aber … Die heimliche Kraft alltäglicher Worte und wie man durch bewusstes Sprechen selbstbewusster wird. Nymphenburger Verlag, München.

LÖSUNGSSTRATEGIEN

Zum Weiterdenken einladen
Wenn Sie möchten, dass Ihnen Ihr Gegenüber zuhört und zustimmt, dann konzentrieren Sie sich auf das, was vor dem «Aber» gesagt wird. Ergänzen Sie danach mit einem «Ja, und …», einem «Ja, genau …» oder einem «Ja, und gleichzeitig …». Diese Formulierungen sind Einladungen zum Weiterdenken. Ideen werden fortgeführt. Das Gegenüber erhält den Raum, der ihm zusteht.

Mit einer kleinen Veränderung erreichen wir etwas Grosses. Denn diese Worte verbinden und lassen zwei Standpunkte gleichwertig nebeneinanderstehen. Es lohnt sich, ein Bewusstsein für die Macht der Sprache beziehungsweise für die kleinen «richtigen» Worte zu entwickeln. Nur so lassen sich Botschaften formulieren, die beim Gegenüber sowohl auf der Sach- als auch auf der Beziehungsebene wohlwollend ankommen.

Experiment
Und falls Sie Lust auf ein Experiment haben, lade ich Sie ein, die Wirkung der beiden Formulierungen einmal auszuprobieren. Besprechen Sie mit Ihrer Familie oder Freunden ein Thema oder versuchen Sie, gemeinsam ein Problem zu lösen. Machen Sie einen Vorschlag und lassen Sie ihn in der ersten Runde mit «Ja, aber …» kontern. In der zweiten Runde lassen Sie den Vorschlag mit «Ja, genau …» oder «Ja, und …» quittieren. Was bemerken Sie nun? Dass in der zweiten Runde konstruktiv ein gemeinsames Ziel verfolgt wird und am Ende ein gemeinsames Ganzes entsteht? Dann gratuliere ich Ihnen.

ERKENNTNISSE FÜR MICH

ZUSATZMATERIAL
— Übung «Ja, aber …»

1.9 WIE SCHAFFE ICH ES, AUF LAUTE WIE «ÄH» ZU VERZICHTEN?

Kürzlich machte mich jemand darauf aufmerksam, dass ich beim Reden sehr viele Verzögerungslaute wie etwa «Äh» oder «Ähm» benutze. Das sei störend, so die Person aus meinem Bekanntenkreis. Ich fand diese Kritik zwar etwas übergriffig, möchte aber trotzdem etwas an meiner Redeweise ändern. Wie gelingt mir das am besten?

Wer kennt sie nicht oder hat sie noch nie gehört? Laute wie «Ähm», «Äh», «Hmm» oder «Jaaa». Menschen machen sie, während sie nachdenken. Dies sind sogenannte Verlegenheits-, Verzögerungs- oder Fülllaute und Denkgeräusche, die zu Beginn und am Ende eines Satzes gebraucht sowie zwischen Wörter oder Halbsätze geschoben werden. Unbewusste Angst vor der kleinsten Stille, dem geringsten Zögern, einer Gedankenpause kann die Ursache sein. Und obwohl die Sprecherin mit den unbewusst genutzten Verzögerungslauten Zustimmung oder Verständnis des Zuhörers erlangen möchte, verwässert sie damit ihre Botschaft und wirkt unsicher.

Zugegeben, ein paar Laute stören nicht, sondern wirken menschlich und sympathisch. Kommen sie hingegen zu oft vor, sprechen wir von einem Tick. Die Laute können in dem Fall die Konzentrationsfähigkeit der Zuhörenden strapazieren und deren Nerven belasten. Als Zuhörer oder Zuhörerin wartet man nur noch auf das nächste «Äh» und kann dem Inhalt nicht mehr optimal folgen.

Zum Glück gibt es einige Tipps, wie sich die eigenartigen Laute vermeiden lassen.

KURZ UND KNAPP
— «Ähm», «Äh», «Hmm», «Jaaa» sind Verlegenheits-, Verzögerungs- oder Fülllaute.
— Damit wollen wir Zustimmung oder Verständnis der Zuhörenden erlangen.
— Langsam, überlegt, selbstbewusst und mit souveränen Sprechpausen reden hilft.

WEB
— Plutte, Doro (2019): Ähm … Also … Genau! Wie wir Füllwörter loswerden. Youtube-Video.

Doro Plutte
www.youtube.com/watch?v=K_lhbrqk1lM

LÖSUNGSSTRATEGIEN

Folgendes können Sie tun, um solche Verlegenheitslaute und Füllwörter zu vermeiden:

- **Bestandsaufnahme**
  Seien Sie sich Ihrer Füllwörter bewusst und zählen Sie sie, bevor es andere tun! Nehmen Sie sich hin und wieder auf Band auf. Analysieren Sie dann das Gesprochene. Wie oft und wann kommt Ihnen ein «Hmm» über die Lippen? Bitten Sie auch eine vertraute Person, darauf zu achten, wie oft und wann sie Verlegenheitslaute oder Füllwörter in Reden, Präsentationen oder Gesprächen nutzen. Damit ergründen Sie nicht nur die Häufigkeit, sondern bekommen eine Grundlage, um die Ursachen zu analysieren. Füllwörter werden für eine überzeugende Aussage nicht gebraucht.

- **Gute Vorbereitung ist die halbe Miete**
  Bereiten Sie sich auf eine Wortmeldung gut vor. Wenn Sie wissen, was Sie sagen wollen, und dies ohne Selbstzweifel tun, lassen sich Verlegenheitslaute vermeiden. Innere Klarheit führt zu äußerer Klarheit!

- **Kurze Sätze machen**
  «Bandwurmsätze» überfordern sowohl Redner als auch Zuhörerinnen. Was für Geschriebenes gilt, gilt auch für die gesprochene Sprache – kürzen, kürzen! Nur Hauptsätze! Punkt! Und danach Mut zur Sprechpause.

- **Mut zur Sprechpause**
  Lassen Sie den Punkt von einer Sprechpause tragen, das wirkt. Konzentrieren Sie sich währenddessen still auf das nächste Wort oder den nächsten Satz, um die Zeit nicht mit Verlegenheitslauten zu überbrücken. Damit schenken Sie den Zuhörenden eine Denkpause, um das Gehörte nachwirken zu lassen, einzusortieren und zu verdauen.

- **Sprechtempo drosseln**
  Schnelles Sprechen fördert Stress und Fülllaute. Sie wollen gehört und verstanden werden. Zügeln Sie Ihre Redegeschwindigkeit und adressieren Sie Ihre Wortmeldung genussvoll.

ERKENNTNISSE FÜR MICH

1.10 WIE REKLAMIERE ICH HÖFLICH IM RESTAURANT?

Vor kurzem war ich mit meiner Familie sehr gut essen. Als ich das Steak durchgebraten statt wie bestellt medium bekam, beschwerte ich mich beim Servicepersonal. Meine Frau schalt mich hinterher, ich hätte das höflicher sagen können. Doch wie reklamiere ich überhaupt höflich?

Essen im Restaurant ist ein besonderes Ereignis. Die meisten Menschen freuen sich auf ein gemütliches Beisammensein in schönem Ambiente und mit gutem Essen. Ist dann etwas mit dem Essen nicht in Ordnung, ist eine Beanstandung angebracht – und zwar nicht erst, nachdem der Teller halb leer ist, sondern schon nach dem ersten oder zweiten Bissen. Gemäss Untersuchungen zeigen Menschen in Situationen, in denen sie nicht bekommen, was sie wollen, insbesondere drei verschiedene Verhaltensweisen.

Erstens: Sie sagen nichts, ärgern sich und beschweren sich bei ihren Tischgenossinnen darüber, dass ihrem Wunsch nicht entsprochen wird. Zweitens: Sie beschweren sich lauthals bei der Servicekraft. So oder so ähnlich: «Ich habe mein Steak medium bestellt und bekomme eine trockene Schuhsohle und dies in einem renommierten Restaurant. Das ist unerhört. Haben Sie meine Bestellung nicht korrekt weitergeleitet?» Drittens: Sie sagen in ruhigem Ton zur Servicefachkraft: «Ich habe mein Steak medium bestellt. Was ich bekommen habe, ist jedoch fest durchgebraten. Ich bitte Sie, dieses Steak zurückzunehmen und mir eines zu bringen, das medium ist. Danke.»

So geht höfliches Reklamieren …

KURZ UND KNAPP
— Reklamieren ist erlaubt und erwünscht, sofern es unverzüglich und höflich getan wird.
— Es gilt, sich in die Lage der Servicekraft zu versetzen und seinen Unmut im Zaum zu halten.

BUCHTIPPS
— Stokar, Christoph (2019): Der Schweizer Knigge. Beobachter Edition, Zürich.
— Von Aderkas, Friederike (2022): Wutkraft. Energie gewinnen. Beziehungen beleben. Grenzen setzen. Beltz Verlag, Weinheim.

WEB
— Stil.de (o. J.): Beschwerde und Reklamation: So kommen Sie diplomatisch und unbürokratisch zu Ihrem Recht.
— Beziehungskosmos. Podcast.

Stil.de
www.stil.de/business-knigge/beschwerde-und-reklamation-so-kommen-sie-diplomatisch-und-unbuerokratisch-zu-ihrem-recht/

Beziehungskosmos
www.beziehungs-kosmos.com/

> Für fremde Fehler haben wir ein scharfes Auge,
> unsere eigenen sehen wir nicht.
> Seneca

LÖSUNGSSTRATEGIEN

Negative Kritik, Nörgelei und Meckern führen zu nichts
Nichts zu sagen, sich zu ärgern oder sich bei den Tischgenossinnen oder der Servicekraft lauthals zu beklagen, ist respektlos und unproduktiv. Wenn uns etwas nicht gefällt, bringen uns negative Kritik, Nörgelei und Meckerei nicht weiter. Auch ein Angriff auf die Servicekraft oder eine abwertende Bemerkung ist weder die feine Art noch zielführend, zumal die Servicekraft selbst nicht dafür verantwortlich ist, was sie serviert. Mehr noch, unser respektloses Verhalten verdirbt sowohl uns selbst als auch der Servicekraft und unseren Tischgenossen die Laune.

Sich in die Lage der Servicekraft versetzen
Wie fühlen Sie sich nach einer Standpauke? Bestimmt ist uns allen bei privaten Gästen auch schon mal ein Malheur passiert. Hier möchten wir auch nicht von unseren Gästen mit Vorwürfen übersät werden. So dürfen wir auch in einem Restaurant davon ausgehen, dass der Gastgeber kooperativ und darauf bestrebt ist, seinem Gast zu helfen und den Fauxpas gerade zu biegen. Zumal wir das Recht haben, dass unserer Bestellung entsprochen wird. Einfacher machen wir es den Verantwortlichen, wenn wir uns dabei höflich verhalten.

Unmut im Zaum halten
Die beste Strategie besteht darin, unseren Wunsch freundlich und ruhig, aber bestimmt auszudrücken und die Servicekraft währenddessen wohlwollend anzuschauen. Dies entspricht der dritten Variante wie oben geschildert. Halten Sie Ihren Unmut im Zaum. Niemand will Sie absichtlich ärgern. Fehler passieren nun mal. Machen Sie sich die Servicekraft nicht zu Ihrem Feind, sondern zu Ihrer Verbündeten. Vertrauen Sie darauf, dass jeder gute Gastgeber bestrebt ist, seinem Gast zu helfen und den Fauxpas gerade zu biegen. Höflichkeit erleichtert es dabei beiden Seiten, eine gute Lösung zu finden.

ERKENNTNISSE FÜR MICH

1.11 MUSS ICH ALS VEREINSLEITERIN JEDEN STREIT SCHLICHTEN?

Ich bin begeisterte Sportlerin und leite seit einigen Jahren einen Verein. Nun knistert es im Vorstand. Zwei Mitglieder geraten sich ständig in die Haare. Eigentlich möchte ich mich nicht einmischen. Oder müsste ich das?

Ist ein Konflikt für alle sicht- und spürbar, dann läuten die Alarmglocken und rufen zum Handeln auf. Wegschauen ist keine Option! Denn Leistungsfähigkeit und Wohlbefinden der Betroffenen und des gesamten Vorstandes leiden unter dem Konflikt. Nun heißt es, schnell zu handeln, um eine Eskalation und Folgeschäden abzuwehren.

Sich nur zu ärgern, dass die beiden Mitglieder ihre Probleme nicht eigenständig lösen können, ist kontraproduktiv. Nehmen Sie die Situation an, wie sie ist, indem Sie sich sagen: «Wenn Menschen miteinander schaffen, machen sie sich zu schaffen.» Konflikte gehören zum Leben. Die beiden müssen sich nicht lieben, ein respektvolles Zusammenarbeiten reicht aus. Das können Sie als Vereinspräsidentin einfordern. Denn Konfliktlösung ist Chefinnensache!

Im Folgenden finden Sie einige Tipps, wie Sie vorgehen können.

KURZ UND KNAPP
— Konfliktlösung ist Sache des Chefs oder der Chefin! Wegschauen ist keine Option.
— Bitten Sie beide Seiten einzeln zum Gespräch. Hören Sie zu, ohne zu werten, und machen Sie sich ein Bild von der Situation.
— Erarbeiten Sie gemeinsam Lösungsansätze und überwachen Sie die Umsetzung.

BUCHTIPPS
— Wüest, Irène (2021): Was sagen Sie, wenn …? So gelingen schwierige Gespräche. hep Verlag, Bern.
— Rosenberg, Marshall B. (2023): Konflikte lösen durch Gewaltfreie Kommunikation. Herder Verlag, Freiburg im Breisgau.
— Wawrzinek, Ursula (2013): Vom Umgang mit sturen Eseln und beleidigten Leberwürsten. Klett-Cotta Verlag, Stuttgart.

WEB
— Kowalski, Susanne (o. J.): Souveräner Umgang mit Konflikten im Verein / 5 Konflikte erkennen und lösen.
— Vereins- und Stiftungszentrum (2020): Konflikte lösen und gute Entscheidungen treffen. Youtube-Video.

Susanne Kowalski
www.haufe.de/lexware-der-verein-professional/
souveraener-umgang-mit-konflikten-im-verein-5-
konflikte-erkennen-und-loesen_idesk_PI11797_
HI15665151.html

Vereins- und
Stiftungszentrum
www.youtube.com/
watch?v=orXKGgJebF4

LÖSUNGSSTRATEGIEN

Sich ein Bild von der Situation machen
Beginnen Sie mit einer Konfliktdiagnose, indem Sie beide Seiten unabhängig voneinander zu einem vertraulichen Gespräch unter vier Augen bitten. Jede Person erhält so die Gelegenheit, offen auszusprechen, wie sie denkt und was ihr auf dem Herzen liegt. Indem Sie aufmerksam zuhören, ohne zu werten, und sich sichtlich darum bemühen zu verstehen, drücken Sie Respekt und Wertschätzung aus. Das wirkt für Ihr Gegenüber entlastend und tut gut. Folgende Fragen können Ihnen als Anregung zur Informationssammlung dienen: Worum genau geht es? Welche Gedanken und Gefühle, welche Zielvorstellung, welche gute Absicht hat die Person? Für welche Werte setzt sie sich ein? Was wünscht sie sich? Was hat sie bislang schon unternommen, um die «dicke Luft» zu klären? Was könnte der persönliche Beitrag zur Lösung sein?

Sich neutral verhalten
Wichtig ist, dass Sie sich im Gespräch nicht zu einem (Vor-)Urteil hinreißen, unter Druck setzen lassen oder Partei beziehen. Es geht zunächst einzig darum, eine Bestandsaufnahme zu machen, um ein ganzheitliches Bild der Situation zu erhalten. Nehmen Sie sich in Ruhe Zeit, bedanken Sie sich für die Offenheit und zeigen Sie auf, was Ihre nächsten Schritte sind. Anschließend reflektieren Sie die beiden Gespräche und machen sich klar, wer an welcher Stelle mit welchem Verhalten eine Störung in der Zusammenarbeit auslöst.

Erste Ideen entwickeln
Entwickeln Sie Szenarien, was aus Ihrer Sicht geändert werden müsste, damit ein Miteinander wiederhergestellt werden kann. Was ist realistisch und umsetzbar? Was können oder müssen Sie einfordern? Wo haben Sie wenig Handhabe und müssen auf Einsicht und Verständnis hoffen?

Konfliktparteien zum erneuten Gespräch einladen
Sobald Sie sich ein umfassendes Bild über die Situation gemacht haben, laden Sie die Konfliktparteien erneut zum Vier-Augen-Gespräch ein und berichten über Ihre Überlegungen und Schlussfolgerungen. In diesem Gespräch geht es darum, wie das Ziel erreicht werden kann. Planen Sie gemeinsam die nächsten Schritte oder geben Sie sie vor. Danach gilt es, die Umsetzung zu überwachen. Als Vereinspräsident oder Vereinspräsidentin sind Sie verantwortlich für den Prozess und dessen Lösung. Lassen Sie die Beteiligten spüren, dass Sie aufmerksam an der Sache dranbleiben.

ERKENNTNISSE FÜR MICH

1.12 WIE KANN ICH GUTES ZUHÖREN LERNEN?

Mein Freund weist mich immer wieder darauf hin, keine gute Zuhörerin zu sein. Sei es in Situationen zu zweit oder in einer geselligen Runde. Ich weiß, dass er damit nicht ganz falsch liegt. Wie könnte ich hier besser werden?

Mangelndes Zuhören ist weit verbreitet und führt die Hitliste der negativen Kommunikationsmuster an. Oft fühlt sich das Gegenüber nicht ernst genommen, nicht verstanden oder meint, in einen leeren Raum zu sprechen. Zuhören ist wie Reden eine Basisfähigkeit der Kommunikation. Anzunehmen, Sprechen sei wichtiger als Zuhören, ist ein gewaltiger Fehler. Der erste Schritt zum besseren Zuhören setzt voraus, dass wir selbst still sind. Und der zweite Schritt besteht im Wissen um mögliche Fehler beim Zuhören. Dies kann zum Beispiel sein, dass wir abschalten, da uns nicht alles, was die andere Person sagt, interessiert. Oder wir ziehen voreilige Schlüsse, ohne abschließend den Worten des Gegenübers zu folgen. Oder wir unterbrechen die Wortmeldung, um unsere eigenen Gedanken zu äußern. Oder wir denken an das, was als Nächstes gesagt wird, anstatt einfach zuzuhören.
Im Folgenden finden Sie einige Tipps, wie Sie lernen, besser zuzuhören.

KURZ UND KNAPP
— Zuhören ist eine erlernbare Basisfähigkeit der Kommunikation.
— Als Grundlage gilt die Haltung: Ich will die andere Person verstehen.
— Überprüfen Sie Ihre eigene Zuhörgewohnheit, wiederholen Sie Gehörtes und wenden Sie die Pausentechnik an.

WEB
— Erzieherkanal (2022): Aktives Zuhören nach Carl Rogers – die 7 Techniken einfach erklärt mit Beispielen. Youtube-Video.

Erzieherkanal
www.youtube.com/watch?v=PJklq_88PPs

BUCHTIPPS
— Hanh, Thich Nhat (2019): Achtsam sprechen, achtsam zuhören. Die Kunst der bewussten Kommunikation. Knaur, München.
— Rust, Serena (2006): Wenn die Giraffe mit dem Wolf tanzt. Vier Schritte zu einer einfühlsamen Kommunikation. Koha, Dorfen.

LÖSUNGSSTRATEGIEN

Verstehenwollen als Grundlage
Richtiges Zuhören heißt, meinem Gesprächspartner oder meiner Gesprächspartnerin zu erkennen zu geben, dass ich zuhöre und gewillt bin, ihn oder sie zu verstehen. Dies kann ich einerseits durch körperliche Reaktionen zeigen wie Blickkontakt halten, nicken oder bestätigen, andererseits indem ich mich nach vorne neige und dem Gegenüber den ganzen Körper zuwende. Zudem bemühe ich mich, mein Gegenüber zu verstehen, indem ich es ausreden lasse, mich in seine Welt einfühle und versuche, die mitschwingenden Gefühle herauszuhören. Und indem ich Fragen stelle, wenn ich etwas nicht abschließend verstanden habe.

Durch Wiederholung Verständnis sicherstellen
In bestimmten Situationen ist es auch hilfreich, die wichtigsten Aussagen zu wiederholen, um klarzustellen, dass die Botschaft richtig verstanden wurde, wie dies zum Beispiel auch an Bord eines Schiffes getan wird. Die diensthabende Offizierin sagt: «Backbord Süd, Süd-West.» Der Steuermann ruft zurück: «Backbord Süd, Süd-West.» Dies könnte für den Alltag wie folgt übersetzt werden: Ihr Partner oder Ihre Partnerin bittet Sie um etwas: «Schatz, bitte kauf auf dem Heimweg heute Abend noch ein Brot.» Sie wiederholen: «Ja, ich hole noch ein Brot beim Bäcker.»

Gesprächsqualität erhöhen durch Pausen
Zum richtigen Zuhören gehört auch eine passende Pausentechnik. Hat Ihr Gegenüber seine Aussage beendet, warten Sie eine bis fünf Sekunden, bevor Sie antworten. Untersuchungen haben gezeigt, dass Personen, die eine Pause einschieben, bevor sie selbst reden, bis zu 25 Prozent mehr Informationen erhalten. Leider haben viele Menschen Schwierigkeiten, die Pause auszuhalten und werden Opfer ihrer hektischen Verhaltensgewohnheit. In der Folge wird das Gespräch schneller und die Qualität leidet.

Zuhörverhalten überprüfen
Ich lade Sie ein, Ihr Zuhörverhalten zu überprüfen. Bestimmt haben sich bei Ihnen, wie bei den meisten Menschen, irgendwann Zuhörfehler eingeschlichen. Kommen Sie diesen auf die Schliche und notieren Sie sich zwei bis drei Punkte auf einer Liste. Nehmen Sie sich vor, an einem davon in den nächsten Wochen zu arbeiten. Haben Sie ein Fehlverhalten überwunden, wenden Sie sich dem nächsten zu. Kleine Schritte führen Sie zum Erfolg!

ERKENNTNISSE FÜR MICH

> Die meisten Menschen hören nicht zu, um zu verstehen, sondern um zu antworten.
> Stephen R. Covey

ZUSATZMATERIAL
— Übung «Aktives Zuhören»

1.13 WIE KANN ICH KRITIK ÜBEN, OHNE STREIT ZU PROVOZIEREN?

Bei meinem Mann und mir kann aus einer harmonischen Plauderei ein Streit werden. Etwa, wenn er immer wieder auf sein Handy blickt und ich ihm dann vorwerfe: «Immer schaust du auf dein Handy!» Wie kann ich meinen Ärger darüber zum Ausdruck bringen, ohne dass er sofort beleidigt ist und es zum Streit kommt?

Ja, manches läuft schnell aus dem Ruder, wenn wir miteinander reden. Oft wollen wir unserem Gegenüber etwas mitteilen und sprechen automatisch in der Du-Form. Aussagen wie «du bist ...», «du hast ...», «du sollst ...» dominieren unsere Ausdrucksweise, egal in welcher Stimmung wir gerade sind oder worum es sich handelt.

Die Sache ist nur die: So kommunizieren wir nicht klar. Du-Formulierungen beinhalten eine Bewertung der anderen Person oder eine Verallgemeinerung. Der Empfänger oder die Empfängerin versteht nicht wirklich, was wir meinen oder fühlt sich in der Selbstachtung gemindert. Dies führt oft zu Konflikten. Abwehrreaktionen, verletzte Gefühle und Spannungen in der Beziehung sind die Folge.

Auf Ihren konkreten Vorwurf bezogen heißt dies: Sie greifen Ihren Partner erstens mit der Du-Botschaft direkt an. Sie werfen Ihrem Partner zweitens vor, etwas «immer» zu tun. Damit pauschalisieren und bewerten Sie. Sie sagen Ihrem Partner drittens nicht, was Sie sich stattdessen von ihm wünschen.

Wie können wir also unsere Unzufriedenheit ansprechen, ohne dass ein Konflikt oder schlechte Stimmung entsteht?

KURZ UND KNAPP
— Die Grundlage für eine wirksame Kommunikation ist eine klare Kommunikation.
— Mit einer Ich-Botschaft kommunizieren wir klar. Wir äußern unsere Ansichten, Gefühle und Wünsche.

BUCHTIPP
— Rosenberg, Marshall B. (2016): Gewaltfreie Kommunikation. Eine Sprache des Lebens. Junfermann Verlag, Paderborn.

WEB
— Erziehertraum (2023): Ich-Botschaften & Du-Botschaften. Youtube-Video.
— SRK Baselland (o.J.): Chili. Konstruktive Konfliktbearbeitung.
— Schule.org (o.J.): Ich-Botschaften.
— Erzieherkanal (o.J.): Ich Botschaften und Du Botschaften.

Erziehertraum
www.youtube.com/watch?v=KPl34DscstE

SRK Baselland
www.srk-baselland.ch/sites/default/files/18_elterninformation_chili.pdf

Schule.org
https://schule.org/themenseite/ich-botschaften-vs-du-botschaften/

Erzieherkanal
www.erzieherkanal.de/ichbotschaftendubotschaften

LÖSUNGSSTRATEGIEN

Die Grundlage für eine wirksame Kommunikation ist eine klare Kommunikation – das sind Botschaften, die man nicht erst entschlüsseln muss.

— **Ich-Botschaft formulieren**
Bestimmt haben Sie schon einmal von Ich-Botschaften gehört. Bei Ich-Botschaften ist der Name Programm. Es werden die eigenen Ansichten, Gefühle und Wünsche geäußert, statt das Verhalten des Gegenübers zu bewerten. Dieser Art der Kommunikation wird eine deeskalierende Wirkung zugeschrieben.
Mit einer Ich-Botschaft ist aber nicht gemeint, Sätze einfach so umzuformulieren, dass sie mit «Ich» beginnen, etwa «Ich will, dass du mir zuhörst». Nein, eine klare und konstruktive Ich-Botschaft besteht aus vier Teilen, ganz nach dem Motto: «Eins, zwei, drei und vier – so sage ich es dir».

1. Ich beschreibe meine Beobachtung ohne Bewertung: «Ich sehe, dass du auf dein Handy schaust.»
2. Ich drücke meine Gefühle aus: «Mich stört das.»
3. Ich lege meine Bedürfnisse dar: «Ich hätte gerne deine volle Aufmerksamkeit.»
4. Ich formuliere meinen Wunsch, meine Bitte: «Würdest du bitte dein Handy weglegen und mich anschauen?»

Mit diesem Vorgehen legen Sie auf eine klare und achtsame Art dar, was Sie von Ihrem Partner gerne hätten. Und dies, ohne ihn anzugreifen oder sein Verhalten zu bewerten. Bleiben Sie beim nächsten Mal bei Ihrer Perspektive und sprechen Sie bewusst in Ich-Botschaften. Teilen Sie Ihrer Partnerin mit, was Sie denken, fühlen und sich von ihr wünschen.

ERKENNTNISSE FÜR MICH

ZUSATZMATERIAL
— Übung «Ich-Botschaften»
— Übung «4B-Modell»

1.14 WIE KANN ICH DIE PROBLEME DES KINDES BESPRECHEN, OHNE ES AUFZUREGEN?

Wenn meine Tochter (17) ein Problem hat, helfe ich ihr selbstverständlich gerne. Doch oft geraten wir uns dabei in die Haare, nur schon beim Reden über die Problematik. Sie geht dann auf Distanz zu mir, und ich kann ihr nicht mehr beistehen. Wie komme ich besser mit meiner Tochter ins Gespräch?

Es ist mehr als nachvollziehbar und auch löblich, dass Sie Ihrer Tochter in schwierigen Situationen oder bei Problemen zur Seite stehen. Doch oft keimen durch diese Hilfeversuche neue Probleme auf. Der Grund dafür kann eine blockierende Kommunikation sein.

Könnte es sein, dass Sie in einer solchen Situation oft sagen, wie man etwas machen sollte oder besser machen könnte? Oder dass sie das Problem verharmlosen, im Sinne von «Ist doch nicht so schlimm.»? Oder dass Sie das Problem anerkennen, indem Sie sagen: «Das Gleiche ist mir damals auch passiert»?

Ja, gute Ratschläge, Tröstungsversuche oder gut gemeinte Ablenkungsmanöver sind schnell zur Hand. Doch leider bleibt der gewünschte Erfolg damit häufig aus. Diese Formulierungen wirken auf andere Personen schnell manipulativ oder negativ. Diese Art von Kommunikation schafft eine destruktive Gesprächssituation, hemmt den Fluss der Kommunikation und die Bereitschaft zu sprechen.

Zugegeben, wir Eltern meinen es ja nur gut. Jedoch realisieren wir oft nicht, dass wir mit unseren Aussagen den Kontakt auf Augenhöhe verlassen. Wir glauben zu wissen, was für unsere (erwachsenen) Kinder gut ist und sagen, was sie zu tun und zu lassen haben. Damit versuchen wir – meist unbewusst – Einfluss zu nehmen, zu kontrollieren und eine überlegene Position einzunehmen. Gleichzeitig nehmen wir unseren Kindern dadurch die Chance, ihre Probleme selbstverantwortlich zu lösen.

Im Folgenden finden Sie Tipps, wie Sie konstruktiv mit Ihrem Kind ins Gespräch kommen.

KURZ UND KNAPP
— Durch gute Kommunikation verbessern wir Beziehungen, durch schlechte Kommunikation verschlechtern wir sie.
— Ratschläge, Tröstungsversuche und Ablenkungen hemmen den Redefluss und die Bereitschaft zu sprechen.
— Trauen Sie den Kindern was zu, nutzen Sie sprachliche Türöffner und schenken Sie ungeteilte Aufmerksamkeit.

BUCHTIPPS
— Rosenberg, Marshall B. (2016): Gewaltfreie Kommunikation. Eine Sprache des Lebens. Junfermann Verlag, Paderborn.
— Miller, Reinhold (2013): Frei von Erziehung, reich an Beziehung.
— Plädoyer für ein neues Miteinander. Centaurus Verlag, Freiburg.
— Perry, Philippa (2022): Das Buch, von dem du dir wünscht, deine Eltern hätten es gelesen. Ullstein Verlag, Berlin.

WEB
— Lehrerfortbildung Baden-Württemberg (o. J.): Türöffner für Gespräche.
— Knill, Markus (o. J.): Gesprächsführung: Das Ziel steht im Vordergrund.

Lehrerfortbildung Baden-Württemberg
https://lehrerfortbildung-bw.de/st_if/bs/if/beziehungsgestaltung/arbeitsblaetter/beratung/ab12/arbeitsblatt12.pdf

Markus Knill
www.rhetorik.ch/Aktuell/06/02_25/gespraech.pdf

LÖSUNGSSTRATEGIEN

Kindern etwas zutrauen
Trauen wir unseren (erwachsenen) Kindern zu, dass sie fähig sind beziehungsweise fähig werden, ihre Probleme selbst zu lösen. Das Helfen-Wollen führt oft zu Abhängigkeit. Als Eltern dürfen wir auch lernen, es auszuhalten, wenn unsere Kinder Probleme haben. Das heißt nicht, dass Sie nie mehr Anweisungen geben, Ratschläge erteilen oder Informationen liefern dürfen. Nein. Es geht ums Bewusstsein dafür, welche Folgen Ihre Reaktionen haben können. Insbesondere in Problemsituationen hemmen sie den Mitteilungsbedarf der Kinder.

Sprachliche Türöffner wählen
Besser ist es, sich sprachlicher Türöffner zu bedienen. Dies gelingt durch eine einfühlende, nicht egoistische und verbindende Wortwahl. Damit signalisieren wir der Person, dass wir bereit sind zuzuhören und ihr den Vortritt zu lassen, sich mitzuteilen. Wir geben ihr zu verstehen: «Erzähl noch mehr. Ich möchte dich gern besser verstehen.»

Ungeteilte Aufmerksamkeit schenken
Kinder wollen gesehen und gehört werden. Schenken Sie Ihrem Kind insbesondere in Problemsituationen ungeteilte Aufmerksamkeit und hören Sie aktiv zu. Fragen Sie nach oder geben Sie einen Denkanstoß. Unterstützen Sie Ihre Worte zudem mit einem wohlwollenden Blick und einem Kopfnicken. Durch gute Kommunikation verbessern wir Beziehungen, durch schlechte Kommunikation verschlechtern wir sie.

ERKENNTNISSE FÜR MICH

> Es ist Zeit, neue Türen aufzustoßen und neuen Anfängen zu vertrauen.

ZUSATZMATERIAL
— Übung «Sprachliche Türöffner»

NOTIZEN KAPITEL 1

2
VORSÄTZE UMSETZEN

— MIT POWER

2.1 WAS HILFT GEGEN MEINE ANTRIEBSLOSIGKEIT?

An kalten, regnerischen Tagen habe ich Mühe, mich zu motivieren. Ich bin in einer regelrechten «Null-Bock-Stimmung». Wie kann ich trotz Winter und Kälte wieder fröhlich sein?

Niemand kann jeden Tag vor Lebensfreude sprühen. Tage, an denen wir uns zu nichts aufraffen können, kennen wir alle. Wir haben keine Motivation, zielgerichtet unser Tagwerk anzugehen, Termine einzuhalten, Dinge zu erledigen. Stattdessen sind wir völlig passiv.

Die Ursachen können vielfältig sein: das miese Wetter, die Dunkelheit, zu wenig Bewegung, zu wenig Schlaf, undankbare Aufgaben im Job, toxische Zeitgenossen im Umfeld, viel Stress, wenig Erholung und Ähnliches.

Solange eine positive Grundeinstellung überwiegt und die antriebslosen Tage in der Minderheit sind, ist alles im Lot. Wenn jedoch aus der Ausnahme die Regel wird, dann sollten Sie einen Arzt aufsuchen, um abklären zu lassen, ob Ihre Stimmung medizinische Gründe hat. Und dies lieber früher als später. Langes Abwarten führt oft zu einer Verschlimmerung.

Auf der folgenden Seite finden Sie Tipps gegen die Unlust.

KURZ UND KNAPP
— Wir alle kennen Tage, an denen wir antriebslos sind.
— Gegen die Lustlosigkeit hilft z.B. ein heisses Bad, ein Workout oder einfach nur lächeln – auch wenn Ihnen nicht danach ist.
— Und: Nehmen Sie sich wichtig.

WEB
— was-tun-bei.ch (o. J.): Antriebslosigkeit: Ursachen und Symptome.

was-tun-bei.ch
www.was-tun-bei.ch/
erschoepfung/antriebs-
losigkeit-ursachen-
symptome.html

Auch ein Kämpferherz hat irgendwann keine Kraft mehr.

BUCHTIPPS
— Hohensee, Thomas (2012): Glücklich wie ein Buddha. Sechs Strategien, alle Lebenslagen zu meistern. dtv Verlag, München.
— Grün, Anselm (2014): Was der Seele gut tut. Herder Verlag, Freiburg im Breisgau.

LÖSUNGSSTRATEGIEN

Akzeptieren Sie die Situation
Akzeptieren Sie, dass Sie heute keinen Schwung haben. Nehmen Sie es gelassen. Gönnen Sie sich Pausen und genügend Schlaf.

Tun Sie sich etwas Gutes
Nehmen Sie ein Bad, lesen Sie etwas Erheiterndes oder telefonieren Sie mit einem lieben Menschen.

Bewegen Sie sich und achten Sie auf Ihre Ernährung
Bewegen Sie sich – wenn möglich an der frischen Luft. Licht und Luft wirken stimmungsaufhellend. Nutzen Sie die Mittagspause, um eine Runde um den Block zu laufen. Benutzen Sie Treppe statt Aufzug, machen Sie ein Workout. Auch schon kleine Einheiten können Großes bewirken.

Achten Sie auf Ihre Ernährung. Fett- und Zuckerreiches machen antriebslos. Vitamine und Mineralien können Energie zurückgeben. Trinken Sie viel Wasser und Tee. Meiden Sie Alkohol. Entschlacken Sie.

Notieren Sie, wofür Sie dankbar sind
Oft beschäftigen wir uns im Zustand der Lustlosigkeit nur mit Dingen, die uns noch weiter runterziehen. Da können wir gezielt gegensteuern.

Egal, wie Sie sich gerade fühlen – lächeln Sie
Auch wenn es Ihnen seltsam vorkommen mag: Ihr Gehirn erkennt keinen Unterschied, ob Sie wirklich fröhlich sind oder nur so tun als ob. Mit einem Lächeln signalisiert Ihr Körper dem Gehirn: «Mir geht es super». Und schon nach wenigen Minuten bessert sich Ihre Stimmung wie von selbst. Ähnlich funktioniert das Prinzip «Hände hoch» – Arme hochhalten stimmt uns positiv. Und wenn das Ganze noch mit fröhlicher Musik unterstützt wird, ist eine sofortige positive Wirkung so gut wie sicher. Tun Sie es einfach, ohne auf Ihren inneren Kritiker zu hören, der sagt: «Das bringt doch nichts.»

Forschen Sie bei sich nach
Gibt es konkrete Gründe für die aktuelle Schieflage? Dinge, die womöglich zu ändern sind? Gibt es körperliche Warnsignale, die auf das sich anbahnende Ungleichgewicht hingewiesen haben und die es künftig besser zu beachten gilt? Die Antworten dazu liegen in uns selbst. Nehmen wir uns dieser Fragestellungen an, und nehmen wir uns selbst wichtig. Das sind wir uns wert!

ERKENNTNISSE FÜR MICH

ZUSATZMATERIAL
— Übung «Dankbarkeit»
— Übung «Powerposen»

2.2 WIE LEGE ICH DAS VORSCHNELLE URTEILEN ÜBER ANDERE AB?

Bei einer Weiterbildung zum Thema Selbstmanagement wurde mir kürzlich vor Augen geführt, wie wertend ich unterwegs bin. Spontane Bewertungen und Verurteilungen wie «Wie dick diese Person doch ist» oder «Wie hässlich ist dieses Outfit bloß» passieren mir ganz automatisch. Was kann ich dagegen tun?

Viele Menschen sind mit stetem Bewerten und Schubladisieren groß geworden. Ständig urteilen wir über andere Menschen hinsichtlich der Art und Weise, wie sie leben, arbeiten, reden, Kinder erziehen, ihre Beziehung gestalten. Wir beobachten sie, nehmen sie mit unseren Sinnen wahr und richten unsere Aufmerksamkeit auf das, was wir über die Situation oder Person denken. Das heißt, wir ziehen Schlüsse aus unseren Beobachtungen und bewerten das Erlebte. Und dies auch, ohne um eine Meinung gebeten worden zu sein.

Oft ist dies eine schlechte Angewohnheit: alles und jedes im Leben zu bewerten, zu kategorisieren, zu vergleichen oder in Schubladen zu stecken – uns selbst mit eingeschlossen. Es ist anstrengend, raubt uns kostbare Lebensenergie und stiehlt uns den inneren Frieden. Ich lade Sie deshalb zu einem kleinen Experiment ein: Nehmen Sie ein Blatt Papier und schreiben Sie darauf den Namen eines Menschen, den Sie sehr schätzen. Notieren Sie die positiven Eigenschaften dieser Person unter deren Namen. Danach streichen Sie den Namen dieser Person durch und schreiben Ihren eigenen Namen darüber. Überprüfen Sie, welche der positiven Eigenschaften auf Sie zutreffen. Gemäß Untersuchungen ergeben sich mindestens 80 Prozent Übereinstimmungen. Die Erklärung dafür ist, dass wir die Menschen schätzen, die uns unsere positiven Eigenschaften spiegeln.

Umgekehrt funktioniert es genauso. Wir lehnen Menschen ab, die uns Eigenschaften spiegeln, die wir an uns selbst nicht mögen und für die wir uns auch verurteilen. Statt uns einzugestehen, dass es uns schwerfällt, uns zu akzeptieren, wie wir sind, bekunden wir: So bin ich nicht, aber der andere ist so. In jeder Bewertung anderer steckt also ein Stück Selbstporträt! Bildlich gesprochen: Wer mit dem Zeigefinger auf andere zeigt, zeigt mit drei Fingern auf sich selbst. Üben Sie sich stattdessen in der wertfreien Beobachtung.

KURZ UND KNAPP
— Vorschnelles Urteilen ist oft eine schlechte Angewohnheit.
— Wertfreies Beobachten heißt, mit allen Sinnen nur wahrzunehmen.
— Statt zu bewerten, sagen Sie sich: «Ach, interessant.»

BUCHTIPPS

— Wüest, Irène (2021): Was sagen Sie, wenn …? So gelingen schwierige Gespräche. hep Verlag, Bern.
— Rosenberg, Marshall B. (2016): Gewaltfreie Kommunikation. Eine Sprache des Lebens. Junfermann Verlag, Paderborn.
— Perry, Philippa (2022): Das Buch, von dem du dir wünscht, deine Eltern hätten es gelesen. Ullstein Verlag, Berlin.

LÖSUNGSSTRATEGIEN

Experiment

Gehen Sie durch die Fußgängerzone und machen Sie sich Ihre Gedanken bewusst. Sie werden überrascht sein, wie voll Ihr Kopf mit Kommentaren und Urteilen ist. Entscheiden Sie sich nach einer Weile bewusst, auf jegliche Bewertung dessen, was Sie sehen, zu verzichten. Fragen Sie sich stattdessen: Was sehe ich konkret? Was nehme ich mit all meinen Sinnen wahr?

Nur beobachten, nicht werten

Statt zu bewerten, sagen Sie sich einfach: «Ach, interessant.» Dann belassen Sie es dabei. Zugegeben, dies ist nicht einfach, aber Dranbleiben lohnt sich. Denn so entsteht Raum für geistige Freiheit und mehr Stille im Kopf. Und bevor Sie sich über andere Menschen laut äußern, lohnt es sich zu überprüfen, ob es wahr, gut und nützlich ist, was Sie beabsichtigen zu sagen. Gemäß der Philosophie von Jiddu Krishnamurti, einem spirituellen Lehrer, ist die höchste Form menschlicher Intelligenz die Fähigkeit, zu beobachten, ohne zu bewerten.

ERKENNTNISSE FÜR MICH

> Wenn du andere Leute ansiehst, frage dich, ob du sie wirklich siehst oder ob du nur deine Gedanken über sie siehst.
> Jon Kabat-Zinn

ZUSATZMATERIAL

— Übung «Beobachtung oder Bewertung/Interpretation»

2.3 LOCKERER ZU ENTSCHEIDUNGEN GELANGEN: GEHT DAS?

Unserer Tochter fällt es sehr schwer, sich zu entscheiden. Es ist stets ein langes Hin und Her, bis etwas spruchreif ist, was uns alle viel Geduld und Energie kostet. Gibt es Tipps, die die Entscheidungsfindung erleichtern könnten?

Unser Lebensweg ist mit Entscheidungen gepflastert. Manche davon treffen wir bewusst, andere unbewusst. Auch eine Entscheidung, die wir aufschieben oder nicht treffen, ist eine Entscheidung – nämlich jene, alles beim Alten zu belassen.

Viele Menschen entscheiden schnell und mühelos. Sie scheinen rasch zu wissen, was sie wollen. Andere gehen mit einer Herausforderung tage-, monate-, gar jahrelang schwanger, bis sie eine Entscheidung fällen. Viele Wahlmöglichkeiten und die Suche nach der besten Entscheidung überfordern und verunsichern. Die Angst, Fehler zu machen, eine Entscheidung später zu bereuen und sich über sich selbst zu ärgern, schräg angeschaut zu werden oder Kritik zu ernten, lähmt die Entscheidungsbereitschaft.

Manchmal können auch vermeintliche Fehlentscheidungen in der Vergangenheit der Grund für eine Entscheidungsschwäche sein: Man vertraut dem eigenen Urteilsvermögen nicht mehr. Doch Fakt ist: Immer wieder müssen wir uns entscheiden, ob wir wollen oder nicht, und wir können nie genau wissen, welche Folgen eine Entscheidung hat.

Im Folgenden finden Sie Tipps, um Entscheidungen zu treffen.

KURZ UND KNAPP
— Entscheidungen ohne oder mit unbedeutenden Konsequenzen können spielerisch und rasch gefällt werden.
— Bei Entscheidungen mit bedeutender Auswirkung lohnt es sich, Kopf und Bauch einzubeziehen, sich mit vertrauten Personen auszutauschen oder sich selbst Fragen mit Weitblick zu stellen.

WEB
— K. Schweizer AG (o. J.): Entscheidungen treffen.

K. Schweizer AG
www.ksag.ch/fileadmin/ksag/documents/UEber_uns/Broschueren/Entscheidungen_treffen.pdf

BUCHTIPPS
— Nöllke, Matthias (2015): Entscheidungen treffen. Schnell, sicher, richtig. TaschenGuide. Haufe Verlag, Berlin.
— Wolfers, Melanie (2020): Entscheide dich und lebe! Von der Kunst eine kluge Wahl zu treffen. Bene Verlag, Altenberg.

LÖSUNGSSTRATEGIEN

Wenn es im Grunde genommen um nichts geht
Bei Entscheidungen wie «Spaghetti oder Lasagne?» oder «Rock oder Hose?» sollten wir keine Zeit verschwenden. Gehen Sie spielerisch damit um, werfen Sie eine Münze oder lassen Sie eine Regelmäßigkeit entscheiden: Montag Pasta und Hose, Dienstag Lasagne und Rock.

Wenn eine Entscheidung eine größere Rolle spielt
Hat der Entscheid größere Folgen (Berufswahl, Jobwechsel, Autokauf ...), bieten sich folgende Möglichkeiten an:

— **Kopf und Bauch einbeziehen:**
Fertigen Sie vor jeder größeren Entscheidung eine Pro-und-Kontra-Liste an und zählen Sie, ob die Argumente dafür oder dagegen überwiegen. Schlafen Sie nochmals eine Nacht darüber. Beziehen Sie im nächsten Schritt die Gefühlsebene mit ein: Wie fühlt es sich an, wenn ich diese, wie, wenn ich jene Entscheidung treffe? Stellt sich zu den rationalen Vorteilen ein gutes Gefühl ein, dann ist das eine gute Basis.

— **Vertraute Personen befragen:**
Besprechen Sie Ihre Möglichkeiten mit einer Person, die Ihnen hilft, abzuwägen, was für Sie ein guter Entscheidungsweg sein könnte.

— **Stellen Sie sich Fragen:**
Geht es wirklich um Leben und Tod? Wäre es eine Katastrophe, wenn sich die Entscheidung als falsch herausstellen würde? Was wäre die schlimmste Konsequenz? Was bedeutet diese Entscheidung in zehn Jahren?

Seien Sie freundlich zu sich selbst
Erwarten Sie von sich keine absolut richtigen Entscheidungen. Sie sind kein Hellseher, können nicht in die Zukunft sehen.

Haben Sie eine Entscheidung getroffen, stellen Sie sie nicht ständig wieder infrage. Sagen Sie sich: «Stopp, ich habe alle Argumente durchdacht. Ich lasse es nun gut sein.»

Und falls sich eine Entscheidung als ungünstig oder falsch herausstellt, verzeihen Sie sich und sagen sich am besten: «Alles, was ich in Erfahrung bringen konnte, habe ich durchdacht. Ich habe mein Bestes gegeben, um eine richtige Entscheidung zu treffen. Ich überlege mir jetzt, wie ich das Beste aus der Situation mache.»

ERKENNTNISSE FÜR MICH

2.4 WIE SCHAFFE ICH ES, AUFGABEN NICHT IMMER ZU VERSCHIEBEN?

Immer wenn ich mir vorgenommen habe, etwas zu erledigen, beispielsweise ein Geschenk zu kaufen, zu putzen oder an meiner Bachelorarbeit zu schreiben, dann verschiebe ich es auf kommende Tage. Und bin dann genervt von mir selbst. Was kann ich tun, um meine Vorhaben direkt umzusetzen und nicht immer alles auf später zu verschieben?

Bestimmt kennen viele Menschen dieses Phänomen: Kaum wollen wir etwas Neues beginnen, meldet sich rasch eine innere Stimme, die uns mit allen möglichen Argumenten von unseren Zielen abbringen und uns einreden will, wir seien heute zu müde oder nicht kreativ genug. Dies ist ein Teil unserer Persönlichkeit, der uns beschützen will, damit wir uns nicht überarbeiten. Dieser Teil – auch inneres Kind genannt – denkt, entscheidet und handelt spontan, angetrieben durch unbewusste Befehle, die aus der Kindheit stammen.

Das innere Kind bietet uns süße Ausreden an: «Morgen ist auch noch ein Tag. Es wäre doch viel schöner, jetzt einen Film anzuschauen oder spazieren zu gehen.» Im Kern ist das natürlich nicht falsch. Es ist sinnvoll, Pausen zu machen und sich zu entspannen. Das Dumme ist nur, dass unser innerer «Beschützer» oft übertreibt und damit unsere Ziele in immer weitere Ferne rücken. Wir bringen so nichts zustande, was längerfristig am Selbstwert nagt.

Im Folgenden finden Sie Tipps, damit Sie aktiv werden.

KURZ UND KNAPP
— Mit Ausreden reden wir uns ins Aus.
— Um ohne weitere Diskussion aktiv zu werden, müssen wir innere Widerstände analysieren und Störer eliminieren.

BUCHTIPPS
— Priess, Mirriam (2022): Raus aus der Selbstblockade. Wie wir unserem Leben eine neue Richtung geben. Goldmann Verlag, München.
— Fleisch, Sabrina (2022): Sei stärker als die Angst. Ein Arbeitsbuch, das dein Leben verändern wird. Ullstein Allegria Verlag, Berlin.

WEB

— Deutschlandfunk (2023): Prokrastination: Was hilft gegen Aufschieberitis?
— Zehnder, Regula (2022): Aufschieben ist normal: Prokrastination ist keine Diagnose.

Deutschlandfunk
www.deutschlandfunk.de/
prokrastination-aufschieberitis-
prokrastinieren-aufschieben-
hilfe-100.html

Regula Zehnder
www.srf.ch/wissen/
mensch/aufschieben-ist-
normal-prokrastination-
ist-keine-diagnose

LÖSUNGSSTRATEGIEN

Innere Blockaden identifizieren
Identifizieren Sie Ihre inneren Blockaden: Beobachten Sie, wann Ihre «Beschützerstimme» am lautesten ist und was sie konkret sagt. In welchen Situationen meldet sie sich besonders gerne zu Wort?

Innere Stimme hinterfragen
Hinterfragen Sie die innere Stimme: «Stimmt es wirklich, dass ich es jetzt nicht hinbekommen kann? Kann ich es wirklich auf Morgen verschieben?» Wenn Ihnen keine stichhaltigen Argumente fürs Verschieben einfallen, dann packen Sie die Aufgabe an.

Nicht diskutieren, sondern handeln
Sagt die innere Stimme «Ja, aber ...», so antworten Sie ihr mit einem «Aber ja. Das geht jetzt». Diskutieren Sie nicht länger, sondern gehen Sie die Aufgabe an.

Der inneren Stimme «Danke» sagen
Schenken Sie Ihrer inneren Stimme Aufmerksamkeit und bedanken Sie sich, dass sie so gut auf Sie achtet. Sagen Sie ihr, dass Sie sich nach getaner Arbeit eine Pause gönnen. Die innere Stimme ist wie ein energiegeladenes Kind, das mit uns spielen will. Ignorieren wir es, wird es lauter. Nehmen wir es wahr, wird es ruhig.

Innere Störer auf bestimmte Zeiten verweisen
Hartnäckige innere Störer verweisen Sie auf bestimmte Zeiten: «Komm um 20 Uhr wieder, dann habe ich zehn Minuten Zeit für dich.» Seien Sie konsequent. Beschäftigen Sie sich nicht vor 20 Uhr und nicht nach 20.10 Uhr mit den inneren Störern.

Widerstand überwinden und anfangen
Dem inneren Blockierer auf die Spur zu kommen, kann helfen, Aufgaben und Arbeiten unbekümmerter, spontaner und freudiger anzupacken, auch wenn einmal Fehler passieren. Überwinden Sie den Widerstand und motivieren Sie sich, jetzt in die Gänge zu kommen.

Belohnen Sie sich nach dem ersten und dem letzten Schritt. Das stärkt längerfristig nicht nur Ihr Selbstvertrauen und Wohlbefinden, sondern lässt Ihren Vorhaben Taten folgen.

ERKENNTNISSE FÜR MICH

> Was du heute kannst besorgen, das verschiebe nicht auf morgen.

VORSÄTZE UMSETZEN — MIT POWER

2.5 WIE WERDE ICH MIR ÜBER MEINE ZIELE KLAR?

Die meisten Menschen in meiner Umgebung wissen ganz genau, was sie sich fürs neue Jahr vornehmen. Ich würde mir auch sehr gerne ein paar Ziele setzen, nur leider weiß ich gar nicht genau, was oder wohin ich will. Wie gehe ich das am besten an?

Neues Jahr, neue Chancen. Wer kein Ziel hat, für den oder die ist kein Weg der richtige. Wenn ich nicht weiß, in welche Richtung ich gehen will, kann ich auch nicht loslaufen. Ziele geben uns einen Orientierungspunkt, um sehen zu können, was sinnvoll, wichtig und konstruktiv wäre. Sie verhelfen uns dazu, Prioritäten zu setzen und Entscheidungen leichter zu fällen.

Wenn wir uns keine Ziele in unserem Leben setzen, kann es irgendwann zu einem Schockmoment kommen, nämlich, wenn wir feststellen, was wir alles bereuen, nicht gemacht zu haben. In ihrem Buch *5 Dinge, die Sterbende am meisten bereuen* schildert die Autorin Bronnie Ware, die beruflich mehrere Jahre sterbende Menschen auf ihrem letzten Weg begleitet hat, berührende Geschichten von Sterbenden. Eine Erkenntnis, die von Sterbenden genannt wird, lautet: Ich wünschte, ich hätte nicht so viel gearbeitet und mir mehr Zeit für andere Dinge genommen. Scheinbar machen sich Sterbende Vorwürfe, dass sie sich nicht mehr Zeit für das wahre Leben genommen haben. Also beginnen wir besser heute noch damit, Träume und Ziele im Leben zu haben, die uns einen Fokus, eine Richtung geben und uns wieder mit uns selbst verbinden.

Im Folgenden finden Sie ein paar Impulse, wie sich Träume und Ziele im Leben entdecken lassen …

KURZ UND KNAPP
— Träume, Ziele und Werte sind Wegweiser in unserem Leben.
— Viele Ziele starten als Träume.

BUCHTIPPS
— Ware, Bronnie (2015): 5 Dinge, die Sterbende am meisten bereuen. Goldmann Verlag, München.
— D'Ansembourg, Thomas (2006): Hör auf zu träumen, fang an zu leben. Herder Verlag, Freiburg im Breisgau.
— Corssen, Jens (2013): Der Selbst-Entwickler. Das Corssen Seminar. marix Verlag, Wiesbaden.

WEB

— Senftleben, Ralf (2020): Ziele finden: Wie finde ich heraus, was ich wirklich will?

Ralf Senftleben
https://zeitzuleben.de/ziele-finden/

> Der Ziellose erleidet sein Schicksal. Der Zielbewusste gestaltet es.
> Immanuel Kant

LÖSUNGSSTRATEGIEN

Plus- und Minusanalyse des eigenen Lebens

Um zu wissen, was Sie wollen, ist es hilfreich zu erkennen, was Ihnen guttut und was nicht. Was sind die positiven und negativen Dinge in Ihrem Leben? Nehmen Sie ein Blatt Papier und machen Sie zwei Spalten, eine für Plus, eine für Minus. Listen Sie die Punkte auf und priorisieren Sie danach. Worauf möchten Sie beim Plus nicht verzichten? Welche Minuspunkte wollen Sie aus Ihrem Leben entfernen? Damit sind Ziele gesetzt.

Werte sind auch Wegweiser

Unsere Werte geben uns Orientierung, leiten unser Handeln und helfen uns, täglich Entscheidungen zu treffen. Sie sind Wegweiser auf unserem Lebensweg, die aufzeigen, worin wir unsere Energie investieren. Werte sagen uns, was uns wichtig ist, etwa Gesundheit oder Familie. Notieren Sie, was Ihnen wirklich wichtig ist. Priorisieren Sie danach Ihre Auflistung und definieren Sie Top-Werte.

Der perfekte Tag

Vergessen Sie die Realität für ein paar Stunden und lassen Sie Ihrer Fantasie freien Lauf. Erträumen Sie sich Ihren perfekten Tag. Wie würde dieser aussehen, wenn alles möglich wäre? Wo sind Sie? Welche Menschen umgeben Sie? Was machen Sie? Aus Ihrem idealen Tag leiten Sie nun Ihre realen Ziele ab.

Reise ins hohe Alter

Stellen Sie sich Ihr Leben in hohem Alter vor. Was möchten Sie erlebt haben, wo möchten Sie gewesen sein? Welche Menschen sind bei Ihnen? Auch damit lässt sich herausfinden, welche Träume und Ziele Sie überhaupt haben. Träume und Ziele sind Wegweiser im Leben. Viele Ziele starten als Träume.

ERKENNTNISSE FÜR MICH

_____
_____
_____
_____
_____

NOTIZEN
KAPITEL 2

3

SELBSTFÜRSORGE PFLEGEN — MIT FEINGEFÜHL

3.1 WIE VERMEIDE ICH ES, ALS CHEFIN AUSGENÜTZT ZU WERDEN?

Ich bin Führungskraft in einem kleineren Unternehmen mit zehn Mitarbeitenden. Da ich ständig vieles erledige, was eigentlich meine Mitarbeitenden erledigen müssten, fühle ich mich permanent überlastet und ausgelaugt. Wie kann ich dieses Verhalten ändern, um mehr Zeit für meine eigenen Aufgaben zu bekommen?

Eine zentrale Führungsaufgabe ist es, Sachaufgaben an Mitarbeitende abzugeben. Dabei ist sicherzustellen, dass die Mitarbeitenden über die entsprechenden Fähigkeiten verfügen. Und Sie als Chefin sollten die Aufgabe richtig übergeben. Hier bewähren sich meist die fünf W der Delegation: Was, Wie, Warum, Womit, bis Wann.

Oft wird in diesem Zusammenhang auch das Bild vom wandernden Affen gebraucht. Übergibt die Vorgesetzte dem Mitarbeiter eine Aufgabe, so setzt sie dem Mitarbeitenden den Affen (die Aufgabe) auf die Schulter. Steht der Mitarbeiter unter Druck oder hat zu wenig Selbstvertrauen, versucht er, den Affen wieder loszuwerden.

Sobald Sie nun sagen: «Ich kümmere mich darum», tappen Sie in die Falle und die Aufgabe landet wieder auf Ihrem Tisch. Mit den folgenden Tipps lässt sich das Wandern des Affen vermeiden.

KURZ UND KNAPP
— Delegieren bewährt sich mit den fünf W: Was, Wie, Warum, Womit, bis Wann.
— Als Chef oder Chefin sind Sie Ansprechperson auf dem Lösungsweg. Rückdelegation gibt es nur im Ausnahmefall.

WEB
— Götsch, Antonia (2020): Monkey Business: Diese 4 Chef-Typen tappen in die Rückdelegationsfalle.
— Edlund, Jan Roy (2010): Führungsproblem Rückdelegation: Mehr Zeit für Chefaufgaben.

Antonia Götsch
www.impulse.de/personal/monkey-business/7311483.html

Jan Roy Edlund
www.managerseminare.de/ms_Artikel/Fuehrungsproblem-Rueckdelegation-Mehr-Zeit-fuer-Chefaufgaben,200201

BUCHTIPP
— Edlund, Jan Roy (2016): Monkey Management: Wie Manager in weniger Zeit mehr erreichen. HRI Human Resources International AG, Küsnacht.

LÖSUNGSSTRATEGIEN

Die fünf Ws der Delegation
Stellen Sie sicher, dass Sie eine Aufgabe klar und mit allen notwendigen Informationen übergeben. Orientieren Sie sich dabei an den fünf Ws: was, wie, warum, womit, bis wann.

Selbstanalyse
Machen Sie sich bewusst, welcher Typ Chef oder Chefin Sie sind, um sich zu schützen.
— **Macher?** Dann schnappen Sie sich den Affen aus Ungeduld. Denn Sie erledigen die Arbeit lieber selbst, als warten zu müssen.
— **Perfektionistin?** Sie mögen keine Ungenauigkeiten. Sie schnappen sich den Affen, weil Sie so die Kontrolle behalten.
— **Arbeitstier?** Sie machen lieber alles selbst, als lange zu diskutieren.
— **Teamplayerin?** Sie lassen sich gerne erweichen, können kaum «Nein» sagen und nehmen aus Freundlichkeit den Mitarbeitenden die Last ab.

Unterdrücken Sie bewusst den Impuls, selbst die Lösung zu bieten, wenn sich Mitarbeitende an Sie wenden.

Mitarbeitendengespräch zur Lösungsfindung
Vereinbaren Sie einen Gesprächstermin, wenn es Probleme gibt. Als Chef oder Chefin sind Sie Ansprechperson auf dem Lösungsweg. Finden Sie heraus, was den Mitarbeitenden für die selbstständige Erledigung fehlt, indem Sie wenig selbst reden, sondern das Gespräch nur mit offenen W-Fragen und gezieltem Nachfragen führen. Nur so gelingt es Ihnen herauszufinden, ob es sich um ein technisches oder persönliches Problem handelt. Nur so kann bei Ihren Mitarbeitenden ein Denkprozess ausgelöst werden, der sie selbst zur Lösung führt.

Fordern Sie die Mitarbeitenden danach auf, Lösungsvorschläge zu erarbeiten; erst dann sollen sie sich wieder bei Ihnen melden. Besprechen Sie sodann gemeinsam die Vor- und Nachteile jeder Lösung.

Konsequent bleiben
Bleiben Sie konsequent. Haben Sie einen Affen delegiert, kommt er nur in absoluten Ausnahmefällen wieder zurück auf Ihre Schultern. Schützen Sie sich langfristig vor den Affen, indem Sie darauf achten, dass Sie Ihre Mitarbeitenden zum selbstständigen Denken und Handeln anleiten. Ansonsten riskieren Sie, dass die Aufgabenverteilung von unten nach oben anstatt von oben nach unten verläuft und Sie viele Affen auf Ihren Schultern haben. Vergegenwärtigen Sie sich das Bild vom Affen auf den Schultern Ihrer Mitarbeitenden.

ERKENNTNISSE FÜR MICH

> Mit jedem Paar Hände, das dir Arbeit abnimmt, bekommst du einen freieren Kopf.
> — Jack Stack

3.2 SOLL ICH DIE ENTTÄUSCHUNG SCHLUCKEN ODER KUNDTUN?

Vor einiger Zeit fragte ich einen Kollegen, ob er mit mir an einer Reise teilnehmen möchte. Erst auf mein Nachfragen hin erteilte er mir nach längerer Zeit eine Absage. Wie verhalte ich mich nun am besten?

Ein Mensch hat sich nicht so verhalten, wie wir es uns gewünscht hätten. Wir sind enttäuscht. Enttäuschung bezeichnet das Gefühl, das aufkommt, wenn unsere Bedürfnisse und Erwartungen nicht erfüllt werden. Je grösser die Erwartung, je wichtiger das Ereignis, desto grösser kann die Enttäuschung sein. Wir spüren dann Ärger bis hin zu Wut, fühlen uns unverstanden, abgelehnt, hilflos. Wir sind unzufrieden mit der Situation, mit uns selbst, hadern vielleicht mit dem Schicksal und grübeln über das Geschehene nach.

Erwartungen zu haben, ist menschlich. Wir alle haben Vorstellungen, wie sich Dinge entwickeln und Menschen verhalten sollten. Treten diese Erwartungen ein, freuen wir uns, vertrauen unserer subjektiven Welt und gehen frohen Mutes voran. Werden die Erwartungen aber nicht erfüllt, geht die Welt erst einmal kurz unter. Da wir aber keine Kontrolle über andere haben, sind Enttäuschungen unvermeidbar und Bestandteil des Lebens.

Sie haben von Ihrem Kollegen eine zeitgerechte Antwort auf Ihre Anfrage erwartet. Sie sind enttäuscht, da diese nicht eingetroffen ist. Ihr Denken und Verhalten wird infrage gestellt und gibt Ihnen den Hinweis, dass Sie sich in Ihrem Kollegen oder in sich selbst getäuscht haben. In diesem Sinne ist jede Enttäuschung das Ende einer Täuschung.

Viele Faktoren können zu einer Enttäuschung führen. Eines ist aber gewiss: Ihr Kollege hat mit größter Wahrscheinlichkeit nicht absichtlich versucht, Sie zu verletzen. Bestimmt gibt es Gründe, die sein Verhalten rechtfertigen, die aber im Moment der Absage noch nicht spruchreif waren.

So lässt sich eine Enttäuschung ansprechen …

KURZ UND KNAPP
— Nach einer Enttäuschung zurückzuschlagen oder den Kontakt zu meiden führt nicht zur Klärung.
— Besser ist es, in die Offensive zu gehen und die Enttäuschung auf konstruktive Weise anzusprechen.

WEB
— Wolf, Doris (2023): Erste-Hilfe Strategien: 8 Tipps bei Enttäuschungen.

Doris Wolf
www.psychotipps.com/selbsthilfe/enttaeuschung.html

BUCHTIPPS
— Wüest, Irène (2021): Was sagen Sie, wenn …? So gelingen schwierige Gespräche. hep Verlag, Bern.
— Merkle, Rolf (2019): Lass dir nicht alles gefallen. Keine Angst, nein zu sagen, deine Meinung zu äußern, zu kritisieren, vor Kritik. PAL Verlag, München.
— Hüls, Erna (2019): Ein Coach für alle Fälle. Lösungen fürs Leben. Kamphausen Media, Bielefeld.

LÖSUNGSSTRATEGIEN

Eskalation vermeiden
Eine Enttäuschung anzusprechen, ist nicht leicht. Wenn wir verletzt werden, liegt es uns nämlich näher, zurückzuschlagen und der anderen Person Vorwürfe zu machen, um ihr ebenfalls wehzutun. Dies führt aber zu keiner Klärung, sondern eher zu einer Eskalation – und im Endeffekt zum Bruch der Beziehung.

Sackgasse umgehen
Eine ebenso falsche Reaktion wäre es, sich fortan von der Person abzuwenden und den Kontakt zu meiden. Auch dies führt in eine Sackgasse.

In die Offensive gehen
Gehen Sie in die Offensive und sprechen Sie Ihre Enttäuschung auf konstruktive Weise an, indem Sie ganz bei sich bleiben. Beziehen Sie sich erstens auf die konkrete Situation und schildern Sie zweitens die Gefühle, die Sie gehabt haben, sowie die Gründe dafür.

Eine Musterlösung – «Ich hätte mir gewünscht …»
Etwa so: «Lieber Tom, gerne würde ich nochmals auf die Kulturreise zu sprechen kommen. Ich habe dich im März angefragt, weil ich mir eine Reise mit dir sehr gut vorstellen kann und mir der gemeinsame Austausch Freude macht. Dass sich deine Antwort so lange hingezogen hat – du hast mir im Mai deine Absage erteilt –, hat mich sehr enttäuscht, weil ich mich dadurch übergangen und nicht ernst genommen fühlte und mir die Chance auf eine Alternative verwehrt wurde. Ehrlich gesagt, hätte ich mir früher ein Feedback gewünscht.»

Bei diesen Worten wird sich Ihr Kollege weniger angegriffen und verurteilt fühlen. Wenn er verstanden hat, dass er Ihre Gefühle verletzt hat, wird er offener dafür sein, sich Ihren Standpunkt anzuhören. Danach hören Sie sich aufmerksam die Perspektive Ihres Kollegen an. Sinn und Zweck ist es, zu heilen und die Situation gemeinsam zu überwinden.

ERKENNTNISSE FÜR MICH

ZUSATZMATERIAL
— Übung «Ich-Botschaften»
— Übung «4B-Modell»

3.3 WIE BEKOMME ICH MEINE WUT BEI DER ARBEIT IN DEN GRIFF?

In letzter Zeit passiert es mir am Arbeitsplatz öfter, dass ich meine Gefühle nicht im Griff habe und meinen Kolleginnen und Kollegen mit cholerischen Ausbrüchen begegne. Woher kommt das? Was kann ich dagegen tun?

«Beherrsche deine Gefühle, sonst beherrschen sie dich», wie man so schön sagt. Fest steht: Gefühle fallen nicht vom Himmel. Sie sind das Produkt unserer Gedanken. Wer denkt: «Ich freue mich auf meine Arbeitskolleginnen und -kollegen sowie auf die Kundschaft», der wird andere Gefühle entwickeln als ein Mensch, der denkt: «Es wird heute bestimmt wieder ein stressiger Arbeitstag.»

Wie wir über eine Sache denken beziehungsweise welche Meinungen wir über das Leben, die Arbeit, die Ehe oder die Kinder haben, entscheidet wesentlich darüber, wie wir uns fühlen. Denken wir positiv, haben wir positive Gefühle. Denken wir negativ, haben wir negative.

Doch leider ist den meisten Menschen dieser Vorgang nicht wirklich bewusst. Sie ertrinken im Meer unterdrückter Gefühle, weil sie unangenehme Gefühle lieber nicht zulassen. Dabei wollen Gefühle nur eins: gefühlt werden. Lassen wir dies nicht zu, ist das für uns schmerzhaft. Oft merken wir dies gar nicht (mehr), weil wir uns daran gewöhnt haben. Eine Zeitbombe tickt, denn irgendwann explodieren die unterdrückten Gefühle. So reagiert ein Mensch aus dem scheinbaren Nichts aggressiv, hat einen Ausraster. Oder es äußern sich körperliche Krankheiten, die das Immunsystem schwächen, etwa Bluthochdruck, Magenprobleme oder Herzerkrankungen.

Etwas im Außen, also bestimmte Situationen und Personen sind Auslöser für unsere Gefühle. Gefühle entstehen jedoch in uns selbst. Wir rufen unsere Gefühle hervor, obwohl wir oft nicht wissen, wie. Übernehmen Sie Verantwortung für Ihre Gefühle und nehmen Sie die Botschaften aus dem Unbewussten ernst.

KURZ UND KNAPP
— Beherrsche deine Gefühle, sonst beherrschen sie dich.
— Gefühle sollte man nicht unterdrücken, sondern ihnen auf den Grund gehen. Sie sind ein Kompass und weisen uns den Weg

BUCHTIPPS
— Von Aderkas, Friederike (2022): Wutkraft. Energie gewinnen. Beziehungen beleben. Grenzen setzen. Beltz Verlag, Weinheim.
— Hüls, Erna (2019): Ein Coach für alle Fälle. Lösungen fürs Leben. Kamphausen Media, Bielefeld.

- Croos-Müller, Claudia (2023): Halt! Das kleine Überlebensbuch. Soforthilfe bei Krise, Verzweiflung, Ausrastern & Co. Kösel Verlag, München
- Ambauen, Felizitas / Meyer Sabine (2023): Beziehungskosmos. Arisverlag, Embrach.

LÖSUNGSSTRATEGIEN

Mit Gefühlen umzugehen wissen
Negative Gefühle haben eine wichtige Aufgabe: Sie zeigen uns, dass wir gerade gedanklich heiß laufen und etwas ändern sollten. Sie sind wie ein Kompass und weisen uns den Weg.

Sich seiner Gefühle bewusst werden
Machen Sie sich Ihre Gefühle bewusst. Lenken Sie Ihre Aufmerksamkeit weg vom Außen nach innen, konzentrieren Sie sich auf Ihren Körper. Wo genau spüren Sie ein Gefühl? Ist es ein Druck im Magen, ein Ziehen in der Brust oder ein Schwirren im Kopf?

Sich seiner Gedanken bewusst werden
Machen Sie sich Ihre Gedanken bewusst. Welche Gedanken hatten Sie, bevor diese starken Gefühle aufgetreten sind? Welche Situation war der Auslöser?

Das Ziel, die Absicht hinter dem Gefühl zu erkennen
Erkennen Sie das Ziel, die Absicht hinter dem Gefühl? Ein Reim hilft Ihnen dabei: Kommt ein Gefühl, dann halte still und frage, was es will. Überlegen Sie sich: Was will mir dieses Gefühl sagen? Finden Sie es heraus. Seien Sie dabei ehrlich zu sich selbst. Nur dann bringt die Erkenntnis den inneren Frieden. Ziel ist es, nicht mehr im Meer der Gefühle zu ertrinken, sondern zu lernen, darin zu schwimmen. Und falls Ihnen das allein nicht gelingt, suchen Sie sich ruhig professionelle Hilfe.

Extratipp: Fokussieren Sie sich auf das Gute. Suchen Sie das Positive in der Arbeit, umgeben Sie sich mit positiven Menschen, verbringen Sie viel Zeit an Ihrem Lieblingsort. Das stärkt Sie.

ERKENNTNISSE FÜR MICH

> Kommt ein Gefühl, dann halte still und frag, was es will.
> — Erna Hüls

3.4 DARF MAN FÜR EIN MISSGESCHICK BESCHULDIGT WERDEN?

Kürzlich war meine Tochter (10) bei ihrer Patin zu Besuch. Sie kochten gemeinsam, und leider rutschte meiner Tochter beim Abstellen der Teller die Pasta mit Tomatensauce auf den hellen Wollteppich. Die Patin beschuldigte meine Tochter, sie sei rücksichtslos, was diese sehr verstörte. Ein Missgeschick ist doch keine Schuld?

Etwas geht schief, und im ersten Moment suchen wir nach einer schuldigen Person. Eine allzu menschliche Falle! Schuldzuweisungen sind in unserer Gesellschaft weit verbreitet. Für Missstände wird gerne jemand verantwortlich gemacht, ein Sündenbock wird gesucht.

«Du bist schuld.» Damit sehen wir die Verantwortung nur bei der anderen Person. Der scheinbare Sündenbock erfährt in Form einer Anklage, was er angerichtet hat. Dies macht betroffen und belastet die Beziehung. Die «Angeklagte», in Ihrem Fall Ihre Tochter, fühlt sich schlecht, verletzt und zu Unrecht verurteilt, denn sie wollte ja nichts Böses tun.

Fakt ist, die Misere ist passiert, der Fleck ist auf dem Teppich. Solange die Schuldfrage im Zentrum steht, können wir das Problem nicht lösen und aus der Welt schaffen. Mehr noch, es beeinträchtigt die Beziehung und kann die Fronten nachhaltig verhärten.

Missgeschicke passieren. So auch in Ihrem geschilderten Fall. Ihre Tochter hat bloss die Teller auf den Tisch gestellt. Teller, die vielleicht zu flach, zu voll und für ein Kind zu schwer waren. Teller, auf denen vielleicht zu viel Sauce überschwappte. Wir wissen es nicht.

Wie also sollen wir vorgehen?

KURZ UND KNAPP
— Schuldige suchen ist eine menschliche Falle.
— Besser ist es, eine Lösung anstatt Schuldige zu suchen.
— Es gilt, Verantwortung zu übernehmen und das Versehen zu hinterfragen.

BUCHTIPPS
— Hüls, Erna (2019): Ein Coach für alle Fälle. Lösungen fürs Leben. Kamphausen Media, Bielefeld.
— Ambauen, Felizitas / Meyer Sabine (2023): Beziehungskosmos. Arisverlag, Embrach.

LÖSUNGSSTRATEGIEN

Verantwortung übernehmen
Ziel ist es, eine Lösung anstatt Schuldige zu suchen. Tun wir dies nicht, übernehmen wir keine Verantwortung und gehen den Weg der Bequemlichkeit ganz nach dem Motto: «Lieber suche ich mir einen Sündenbock, als mich selbst in der Verantwortung zu sehen und über mein Verhalten und eine allfällige Anpassung nachzudenken.»

Das Versehen hinterfragen
Ist ein Problem da, sind wir aufgerufen zu hinterfragen, wie es zum Problem kommen konnte. Dies gelingt uns, indem wir die richtigen Fragen stellen. Statt «Wer ist schuld?» geht es um die Fragen: Was ist genau passiert? Wie konnte es dazu kommen? Was hätten wir anders machen können? Wie wollen wir das Problem lösen? Welche Erkenntnisse ziehen wir daraus?

Tiefer nach den Ursachen suchen
Oft zeigt sich, dass wenn wir tiefer nach den Ursachen suchen, der vermeintlich Schuldige lediglich der arme Sündenbock ist, der den Kopf hinhalten muss für etwas, worauf er gar keinen Einfluss nehmen konnte. Statt also Zeit und Energie auf die Suche nach dem Schuldigen zu verschwenden, wäre es besser, sich dem Problem zu stellen und die Ursachen zu suchen. Damit lassen sich weitere Missgeschicke verhindern, und das Problem verwandelt sich von einer Störung in eine wertvolle Chance, persönlich zu wachsen.

Der Alltag als Schule
Wir alle machen Fehler, die uns nicht bewusst sind. Und stets können wir wählen, ob wir Schuldzuweisungen machen oder Lösungen suchen. Versuchen wir künftig, unser Urteil über andere milder zu gestalten, nach dem Motto: «Löse das Problem, nicht die Schuldfrage!»

ERKENNTNISSE FÜR MICH

> **Wer Verantwortung übernimmt, muss keine Schuld tragen.**
> Jan Göritz

3.5 WIE SAGE ICH BEIM EINKAUF SELBSTBEWUSST NEIN?

Kürzlich sah ich mich in der Stadt nach einem neuen Handy um und ließ mich beraten. Eigentlich wollte ich dann über den kostspieligen Kauf noch eine Nacht schlafen. Doch ich fühlte mich irgendwie verpflichtet, das Handy gleich zu kaufen. Wie könnte ich hier ohne schlechtes Gewissen selbstsicherer werden?

Wir alle haben das Recht, in einem Geschäft Produkte zu begutachten und uns beraten zu lassen, es uns nochmals zu überlegen oder es sein zu lassen. Und dies ohne schlechtes Gewissen. Tun wir das nicht, dann ziehen wir leicht den Kürzeren. Selbstsicheres Handeln setzt selbstsicheres Denken voraus. Und Selbstsicherheit beginnt im Kopf.

Es ist wichtig, dass Sie erkennen, dass zwischen Ihrem Denken, Fühlen und Verhalten ein enger Zusammenhang besteht. Wenn Sie also künftig selbstsicher auftreten und Ihre Ängste überwinden wollen, dann benötigt es ein Umdenken.

Dafür brauch es fünf Schritte ...

KURZ UND KNAPP
— Bei uns besteht kein Kaufzwang. Produkte zu begutachten und sich ohne Kauf beraten zu lassen ist legitim.
— Je selbstsicherer Ihr Denken und Fühlen ist, desto selbstsicherer ist Ihr Handeln.

BUCHTIPPS
— Merkle, Rolf (2001): So gewinnen Sie mehr Selbstvertrauen. Sich annehmen, Freundschaft mit sich schließen, den inneren Kritiker zähmen. PAL Verlag, München.
— Croos-Müller, Claudia (2012): Nur Mut! Das kleine Überlebensbuch. Soforthilfe bei Herzklopfen, Angst, Panik & Co. Kösel Verlag, München.

WEB
— Tempe, Katharina (2018): Sofort selbstbewusst: 6 Einsteigertipps für mehr Selbstbewusstsein. Youtube-Video.

Katharina Tempe
www.youtube.com/watch?v=MkMtCo2YHZg

> Selbstsicheres Handeln setzt selbstsicheres Denken voraus. Punkt.

LÖSUNGSSTRATEGIEN

Machen Sie sich bewusst, was Sie wollen
Bevor Sie überhaupt ins Geschäft gehen, überlegen Sie sich, was Sie konkret möchten. Wollen Sie sich zum Beispiel zuerst beraten lassen, um sich danach den Kauf nochmals reiflich zu überlegen, bevor Sie so viel Geld ausgeben?

Machen Sie sich bewusst, was Sie denken
Was geht Ihnen durch den Kopf, wenn Sie beraten werden und noch nicht bereit sind, den Kauf abzuschließen? Etwa: Die Verkaufsberatung hat sich so viel Mühe gegeben. Jetzt kann ich doch nicht einfach gehen, ohne etwas zu kaufen. Wie sieht das denn aus?

Machen Sie den Gedanken-Realitäts-Check
Überprüfen Sie Ihre Gedanken, indem Sie sich zwei Fragen stellen.

Erstens: Entspricht der Gedanke «Ich kann doch nicht einfach aus dem Geschäft gehen, ohne etwas zu kaufen» den Tatsachen? Ist das wirklich so, dass dies nicht geht?

Zweitens: Fühle ich mich so, wie ich mich fühlen möchte, wenn ich diesen Gedanken habe? Nein? Ein «Nein» lädt Sie folglich dazu ein, anders zu denken. Wenn Sie anders denken, haben Sie auch automatisch andere Gefühle.

Überlegen Sie sich, was Sie stattdessen denken und wie selbstsichere Gedanken aussehen könnten. Etwa: Ich habe das Recht, mich über das Angebot zu informieren. Die Verkaufsberatung ist dazu da, mir die Ware zu zeigen. Ich bin nicht verpflichtet, etwas zu kaufen. Wie fühlt sich dies an? Bestimmt fühlen Sie sich sogleich viel selbstsicherer und auch kraftvoller.

Legen Sie sich im Vorfeld Sätze zurecht
Was könnten Sie der Verkaufsberatung sagen, wenn Sie noch nicht bereit für den Kauf sind? Etwa: «Haben Sie vielen Dank für Ihr Engagement. Ich möchte es mir jedoch gerne nochmals überlegen, ehe ich das Handy kaufe.»

Machen Sie sich die Vorstellungskraft zur Verbündeten
Wenn Sie das nächste Mal wieder vorhaben, sich in einem Geschäft beraten zu lassen, dann trainieren Sie in der Vorstellung Ihr Wunschverhalten, bis Sie sich sicher fühlen. Das Umsetzen Ihrer Zielsetzung wird dann ein Leichtes sein und Sie vor allem mit Stolz erfüllen. Schließlich haben Sie das Recht dazu. Und falls es zu Beginn noch nicht ganz funktioniert mit der Selbstsicherheit und Sie vielleicht ein schlechtes Gewissen in Kauf nehmen oder über Ihre Angst vor Ablehnung hinwegsehen müssen, seien Sie gnädig mit sich. Das verschwindet mit der Zeit. Schließlich ist noch kein Meister vom Himmel gefallen, sondern nur Übung macht den Meister!

ERKENNTNISSE FÜR MICH

ZUSATZMATERIAL
— Übung «Gedanken-Check»

3.6 ERSCHÖPFT UND ÜBERARBEITET. WAS HILFT MIR HIER?

Als Familienfrau arbeite ich Teilzeit in einem mittelgroßen Unternehmen, um noch etwas dazuzuverdienen. Seit Monaten machen wir Überstunden. Mir wird das zunehmend zu viel, und es unterlaufen mir auch Fehler. Was kann ich tun, damit es mir wieder besser geht?

Auf Ihren Schultern lastet viel Arbeit. Sie fühlen sich Ihrer Familie und Ihrem Arbeitgeber gegenüber verpflichtet, Ihren Beitrag zu leisten. Sie versuchen, die «Mission impossible» mit Entschlossenheit und hoher Leistungsbereitschaft zu bewältigen. Sie kommen früher und bleiben länger, lassen Pausen ausfallen, essen nebenbei und nehmen gedanklich oder tatsächlich Arbeit mit nach Hause. Und ganz nebenbei versorgen Sie noch Haushalt und Familie. Sie entbehren persönlicher Regeneration und Hobbys.

Mit der Zeit wächst Ihnen die Arbeit sowohl im Unternehmen als auch daheim über den Kopf und Sie verlieren den Überblick. Es passieren Fehler, Details werden übersehen. Auch mit größtem Einsatz lassen sich die Aufgaben nicht in der angestrebten Quantität, Qualität und Zeit zufriedenstellend erledigen. Sie scheinen sich von einer engagierten Arbeitskraft in eine überlastete zu verwandeln.

Ziehen Sie die Reißleine, sonst besteht die Gefahr, dass Körper und Geist ihren Dienst versagen. Im Folgenden finden Sie ein paar Tipps, was Sie tun können.

KURZ UND KNAPP
— Wenn das Gefühl von Überlastung aufkommt, Reißleine ziehen.
— Suchen Sie das Gespräch mit Ihren Vorgesetzten.
— Halten Sie Arbeits- und Ruhezeiten genau ein. Organisieren Sie Ihre Arbeit im Voraus, um Stress zu vermeiden.

BUCHTIPPS
— Kishimi, Ichiro / Koga, Fumitake (2018): Du musst nicht von allen gemocht werden. Vom Mut, sich nicht zu verbiegen. Rowohlt Taschenbuch, Hamburg.
— Reichhart, Tatjana (2019): Das Prinzip Selbstfürsorge. Wie wir Verantwortung für uns übernehmen und gelassen und frei leben. Roadmap für den Alltag. Kösel Verlag.
— Wawrzinek, Ursula / Schauer, Annette (2013): Was tun, wenn es brennt? Neue Strategien gegen Burnout. Klett Cotta Verlag, Stuttgart.
— Grün, Anselm (2014): Was der Seele gut tut. Herder Verlag, Freiburg im Breisgau.

LÖSUNGSSTRATEGIEN

Suchen Sie das Gespräch mit Ihrem / Ihrer Vorgesetzten
Zeigen Sie offen und ehrlich Ihre Probleme auf, wie Schlaflosigkeit und Konzentrationsschwierigkeiten. Bekunden Sie Ihren guten Willen und zeigen Sie Ihre Grenzen der Leistungsfähigkeit auf.

Halten Sie Ihre Arbeits- und Pausenzeiten ein
Achten Sie auf genügend Entspannung und Erholung in Ihrer Freizeit.

Hinterfragen Sie Ihre Glaubenssätze
Könnte es sein, dass Sie denken: «Die Arbeit muss gemacht werden, ich habe keine Wahl»? Mit Gedanken wie diesen fühlen wir uns ausgeliefert, sehen keine Wahlmöglichkeit und ordnen uns unter. Sie hindern uns, gut für uns zu sorgen. Hinterfragen Sie Ihre Glaubenssätze und ersetzen Sie sie durch hilfreiche Glaubenssätze als Leitplanken für Ihr tägliches Verhalten. Zum Beispiel: «Es ist zu viel, so ist es nicht zu schaffen. Ich suche mit meiner Chefin eine Lösung.»

Erstellen Sie eine Übersicht aller Anforderungen, und treffen Sie eine Einschätzung des Leistbaren
Stürzen Sie sich nicht einfach mit Elan in eine Aufgabe, sondern machen Sie sich zuerst eine vorausschauende Übersicht aller Anforderungen und eine Einschätzung des Leistbaren. Entwickeln Sie danach einen Zeitplan mit genügend Pufferzeiten für Unvorhergesehenes. Überprüfen Sie zudem, ob Ihre Arbeitsorganisation den Anforderungen angepasst ist oder ob Handlungsbedarf besteht. Ist das Arbeitspensum zu groß, benötigt es eine richtige Priorisierung und/oder eine Delegation von Aufgaben an andere Personen. Sie sind verantwortlich für Ihre Leistungsfähigkeit und können selbst einschätzen, welches das richtige Maß der Belastung für Sie ist.

Ignorieren Sie Warnsignale nicht
Ignorieren Sie Warnsignale nicht, sondern nehmen Sie Ihr Wohlbefinden in die Hand und stehen Sie dafür ein.

ERKENNTNISSE FÜR MICH

> **Nichts bringt uns auf unserem Weg besser voran als eine Pause.**
> Elizabeth Barrett Browning

ZUSATZMATERIAL
Übung «Glaubenssätze umformulieren»

3.7 WAS LÄSST SICH GEGEN DEN ADVENTSSTRESS TUN?

Eigentlich mag ich den Advent sehr. Doch wie jedes Jahr um diese Zeit merke ich eben auch, dass es für mich ziemlich stressig ist, allen Anforderungen gerecht zu werden. Backen, einkaufen, dekorieren … Und dann brauchen auch noch meine Kinder diverse Wichtelgeschenke für die Schule. Wie gehe ich am besten mit diesem Druck um?

Alle Jahre wieder ist die Adventszeit da. Kinder öffnen die Türen ihres Adventskalenders, und die Erwachsenen beginnen, das Fest vorzubereiten. Das Wort «Advent» leitet sich vom lateinischen «Adventus» ab und heißt «Ankunft». Für die Christen und Christinnen ist der Advent die Zeit der Vorbereitung auf die Ankunft Christi, dessen Geburt in der Weihnachtsnacht gefeiert wird. Die Vorfreude ist der eigentliche Sinn und Zauber. Doch viele Menschen sind im Dezember gestresst, denn bis Weihnachten will einiges erledigt sein: Geschenke besorgen, Basteln, Wohnung schmücken, Plätzchen backen, Fest vorbereiten.

Im Folgenden finden Sie Tipps, was gegen diesen Stress hilft.

KURZ UND KNAPP
— Der Advent ist die Zeit der Vorfreude auf Weihnachten.
— Lassen Sie sich diese Vorfreude nicht durch Vorbereitungsstress trüben.
— Verteilen Sie die Aufgaben und schenken Sie sich Zeit zum Durchatmen.

BUCHTIPPS
— O. V. (2024): Für Stress fehlt mir die Zeit. Eulenspiegel Verlag, Berlin.
— Hipp, Barbara (2001): Stressbewältigung – fit in 30 Minuten. GABAL Verlag, Offenbach am Main.

> Stress kommt von innen, nicht von außen. Von außen kommen oft nur die Ursachen.
> Antony Fedrigotti

LÖSUNGSSTRATEGIEN

Überprüfen Sie Ihre Haltung
Was ist für Sie wichtig am Weihnachtsfest? Zusammenhalt und Gemeinschaft oder Konsum und Perfektion? Muss denn ausgerechnet an Weihnachten alles perfekt sein?

Setzen Sie Prioritäten
Was gibt es Dringendes zu erledigen? Was kann noch warten? Machen Sie eine Rangliste mit Ihren Aufgaben. Vergessen Sie vor allem nicht, sich selbst auf die Liste zu setzen.

Delegieren Sie Aufgaben
Binden Sie Ihre Familie in die Vorbereitungen mit ein. Sie können Aufgaben verteilen und/oder gemeinsam erledigen. So werden Sie entlastet und die Vorbereitungszeit wird zum gemeinsamen Erlebnis. Bleiben Sie dabei realistisch: Sie kennen Ihre Familie und können am besten einschätzen, was für wen möglich ist.

Schenken Sie Zeit
Anstatt das Internet und die halbe Stadt nach Geschenken abzuklappern, verschenken Sie lieber Zeit – inzwischen das wertvollste Gut. Dies kann in Form einer Einladung zum gemütlichen Beisammensein geschehen oder es kann eine Familienwanderung, ein Kinobesuch, ein Bastelnachmittag sein. Dabei beschenken Sie sich auch selbst, indem Sie gemeinsam dem Alltag entkommen.

Eine Alternative ist das Wichteln
Wenn Jung und Alt nicht ganz auf Geschenke verzichten möchten, besteht die Möglichkeit des Wichtelns. Hier wird durch eine Zufallsauswahl eine Person bestimmt, für die man ein Geschenk besorgt. Eine andere Variante des Wichtelns besteht darin, einen bestimmten Wert (etwa CHF 10.--) für ein Geschenk festzulegen. Alle besorgen dann ein Geschenk und die Geschenke werden mit einer Nummer versehen. Danach werden die Nummern auf kleine Zettel geschrieben und kommen dann in eine «Wunderbüchse». Aus dieser ziehen alle einen Zettel mit der Nummer eines Geschenkes.

Wartezeiten nutzen, sich innerlich auf das Ereignis einstellen und sich geduldig vorfreuen
So lässt sich zum Beispiel die Zeit in einer Kassenschlange oder im Stau gut für ein paar tiefe Atemzüge nutzen, um sich auf das Kommende einzustimmen.

Ich wünsche Ihnen eine entspannte Adventszeit und ein friedvolles und fröhliches Weihnachtsfest.

ERKENNTNISSE FÜR MICH

ZUSATZMATERIAL
— Übung «Prioritäten setzen»

3.8 WIE SCHÜTZE ICH MICH VOR NOTORISCHEN MIESEPETERN?

In meinem Freundeskreis gibt es einen Miesepeter, der jede gute Laune zunichtemachen kann und der alles immer nur negativ sieht. Wie schaffe ich es, mich von ihm nicht runterziehen zu lassen?

Wir alle kennen Menschen, die oft schlecht gelaunt sind. Nichts ist gut. Nichts kann man ihnen recht machen. Kein Gruß, kein Dankeschön, kein nettes Wort, kein Lächeln, nur Gejammer und heruntergezogene Mundwinkel. Schlechte Laune ist ansteckend. Es gilt, sich davor zu schützen! Je weniger wir darauf eingehen und uns ärgern, desto weniger geben wir dem Miesepeter Macht über uns. Verabschieden Sie sich auch von Ihrem Impuls, den Pessimisten von etwas Positivem überzeugen zu wollen. Dies ist vergebliche Mühe, denn wir können andere nicht ändern. Konzentrieren Sie sich stattdessen lieber auf sich selbst. Fragen Sie sich: Wie geht es mir, wenn ich dem Miesepeter begegne? Versuche ich der Person aus dem Weg zu gehen und bin dadurch in meiner Freiheit eingeschränkt? Erst wenn Sie sich Ihrer Gedanken bewusst sind, können Sie aktiv gegensteuern. Die beste Medizin gegen Miesepeter ist, sich selbst mit guter Laune zu wappnen. Ihre eigene Fröhlichkeit kann Sie von Bedenkenträgern und deren Missmut distanzieren. Leider steht uns der Humor nicht automatisch zur Verfügung, wenn wir ihn besonders dringend brauchen. Dafür bedarf es einer gewissen Übung. Doch es lohnt sich: Die positive Wirkung von Humor ist heute unbestritten und wissenschaftlich bewiesen.

Es folgen ein paar Tipps für gute Stimmung.

KURZ UND KNAPP
— Gehen Sie nicht auf Miesepeter ein, sonst geben Sie ihnen Macht über sich.
— Miesepeter können wir nicht ändern, üben wir uns lieber in guter Laune.
— Humor lässt sich trainieren!

BUCHTIPPS
— Falkenberg, Irina / McGhee, Paul / Wild, Barbara (2021): Humorfähigkeiten trainieren. Manual für die psychiatrisch-psychotherapeutische Praxis. Schattauer Verlag, Stuttgart.
— Bossart, Yves (2022): Trotzdem lachen. Eine kurze Philosophie des Humors. Blessing Verlag, München.

WEB
— Ruch, Willibald (2020): Humor. Eine kleine Einführung.
— Geisler, Sara (2021): Humor ist ein Mittel, um zu verführen. Interview mit Humorexperten Willibald Ruch.
— Steinmann, Claudia (2018): Konkret: Dem Lachen auf der Spur mit Humorforscher Willibald Ruch. Youtube-Video.

Willibald Ruch
https://ojs.szh.ch/zeitschrift/article/view/902

Sara Geisler
www.fluter.de/funktion-humor-interview-willibald-ruch

Claudia Steinmann
www.youtube.com/watch?v=_r4yQ703pW0

LÖSUNGSSTRATEGIEN

Ein Lächeln schenken
Schenken Sie sich täglich am Morgen ein Lächeln vor dem Spiegel. Hallo Schöne, wie geht es dir?

Humor kultivieren
Setzen Sie sich mit Ihrem Humor auseinander: Was bringt Sie zum Lachen? Mit wem lachen Sie gerne? Verwenden Sie einen Humoranker als Erinnerungshilfe. Hängen Sie zum Beispiel einen witzigen Spruch an den Computer oder an den Kühlschrank. Kultivieren Sie Ihren Humor ganz bewusst, indem Sie sich eine Komödie statt einen Krimi im Fernsehen anschauen, vor dem Schlafengehen in einem lustigen Buch lesen oder sich im Alltag nach heiteren Dingen umschauen.

Freundschaften pflegen
Unternehmen Sie etwas mit gut gelaunten Freunden, denn fröhliche Freundschaften sind gut für die Lachmuskeln.

Positive Haltung entwickeln
Entwickeln Sie eine positive Haltung, indem Sie bewusst Ihren Fokus auf das Gute legen, egal wie schwierig die Situation gerade ist.

Über sich selbst lachen
Zugegeben, die schwierigste Turnübung ist immer noch, sich selbst auf den Arm zu nehmen. Machen Sie eine Liste mit Dingen, die Ihnen peinlich sind, und machen Sie sich selbst darüber lustig.

Eine Gute-Laune-Box anlegen
Füllen Sie Ihre Gute-Laune-Box mit Kleinigkeiten, die Ihnen persönlich gute Laune verschaffen und Ihnen ein Lächeln auf Ihr Gesicht zaubern: Lieblingsfotos aus den Sommerferien, eine Clownnase, eine Gratulationskarte ….

Gemäss Humorexperten wie Paul McGhee oder Willibald Ruch benötigt ein Gute-Laune-Training rund acht Wochen. Ihre eigene Widerstandskraft wird gestärkt, der Sinn für Humor verbessert sich, die gute Laune auch, und dies nicht nur im subjektiven Urteil.

ERKENNTNISSE FÜR MICH

> Glück ist ein Zustand, den jeder für sich vorbereiten, pflegen und verteidigen muss.
> Mihály Csíkszentmihályi

3.9 WIE GEHT DIGITALES FASTEN?

Jetzt ist wieder Fastenzeit. Dieses Jahr habe ich mir neben dem gängigen Verzicht auf Alkohol und Süßigkeiten noch etwas Spezielles vorgenommen. Ich möchte auch digital fasten, Stichwort Digital Detox. Haben Sie Tipps?

Wir werden von Reizen überflutet. Kaum erwacht, gibt es Nachrichten aus Radio, Zeitung oder Internet. Zusätzlich informieren wir uns über soziale Netzwerke wie Facebook oder Instagram und via SMS, Apps und E-Mails über die Befindlichkeiten von Familie, Freunden und Freundinnen und Bekannten. Und so bleibt es während des ganzen Tages. Ständig blinken Benachrichtigungen auf oder klingeln sich in unser Bewusstsein. Und zur abendlichen Ablenkung stehen uns unzählige Fernsehsender, Videoportale und Spieleplattformen zur Verfügung.

Ständig sind wir erreichbar, ständig nutzen wir digitale Medien. Wir fühlen uns oft gestresst und überfordert. Kein Wunder, denn unsere geistige Aufnahme- und Verarbeitungsfähigkeit ist nicht mit der großen Anzahl neuer Reizquellen gewachsen. Im Strudel von Informationen, die um unsere Aufmerksamkeit buhlen, drohen wir den Überblick zu verlieren.

Will ich mich wieder auf meine eigene Lebensweise besinnen und die bewusste Kontrolle über meine elektronische Kommunikation zurückgewinnen, dann lohnt sich Digital Detox. Digital Detox bedeutet, aus dem Englischen übersetzt, digitale Entgiftung oder auch digitales Fasten. Es geht darum, immer wieder bewusst auf die Nutzung von Smartphone, Tablet oder Computer zu verzichten.

Gerade die Fastenzeit ist geprägt von Verzicht. Viele Menschen nutzen diesen vierzigtägigen Zeitraum zwischen Aschermittwoch und Ostern, um auf Rauchen, Alkohol, Süßigkeiten oder eben digitale Medien zu verzichten. Wieso nicht den eigenen Medienkonsum sinnhaft verändern, damit das Digitale vom dominierenden Zeitfresser zum nützlichen Helfer im Alltag wird?

Hier finden Sie einige Tipps zum digitalen Fasten.

KURZ UND KNAPP
— Wir sind von Reizen überflutet.
— Digitales Fasten bedeutet eine komplette Enthaltung oder eine bewusste Nutzung von Smartphone, Tablet und Computer.
— Es gilt, wieder Herr/Herrin über die digitalen Helfer zu werden, um mehr Zeit für das wahre Leben zu haben.

BUCHTIPPS
— Eggler, Anitra (2019): Das Digital Detox Buch. Like Publishing, k. A.
— Koch, Christoph (2021): Digitale Balance. Mit smarter Handynutzung leichter leben. Heyne Verlag, München.

LÖSUNGSSTRATEGIEN

Mit folgenden Tipps gelingt Ihnen ein bewusster Umgang mit den digitalen Medien:

— Handy aus dem Schlafzimmer verbannen, besser Wecker statt Handy verwenden
— Mindestens 20 Minuten, besser 90 Minuten vor dem Schlafengehen die Offline-Zeit beginnen
— Keine Nachrichten vor dem Frühstück
— Pushnachrichten abstellen
— Lautlos-Taste nutzen und Anklopf-Funktion verbannen
— Kein Grundbedürfnis wie Essen, Schlafen, Ausscheiden, Körperpflege in Anwesenheit digitaler Medien
— Kein Multitasking, die Aufmerksamkeit nur einer Sache widmen
— E-Mails nur im Ausnahmefall in der Freizeit beantworten
— Fixe Online- und Offline-Zeiten für jeden Tag festlegen
— Einen fixen digitalen Entschleunigungstag pro Woche einhalten
— Freunde wieder häufiger persönlich treffen
— Klare tägliche Regeln beziehungsweise Nutzungszeiten für digitale Medien mit sich selbst vereinbaren
— Technologien nicht länger als 90 Minuten am Stück nutzen. Danach 10 Minuten oder länger Pause machen, um sich analog zu beschäftigen, mit Spaziergängen, Bewegung, Duschen …

Finden Sie Ihre Balance zwischen Online und Offline ganz nach dem Motto: «Wieder mehr Herr oder Herrin über die digitalen Helfer zu werden, statt sich von ihnen beherrschen zu lassen.»

Raus aus dem Netz und rein ins wahre Leben!

ERKENNTNISSE FÜR MICH

3.10 HOMEOFFICE: ICH VERMISSE MEIN TEAM!

Seit der Pandemie hat unser Unternehmen keinen offiziellen Arbeitsplatz mehr für Mitarbeitende. Die meisten arbeiten seither im Homeoffice. Von manchen Kollegen und Kolleginnen weiß ich, dass sie das Zuhausesein schätzen. Doch mir fehlt der Kontakt zu den Arbeitskollegen und -kolleginnen, ich fühle mich sozial isoliert. Was kann ich tun, um besser mit dem Alleinsein zurechtzukommen?

Vielen Menschen ergeht es wie Ihnen. Sie vermissen im Homeoffice die räumliche und körperliche Nähe zum Team, den sozialen Austausch und Kontakt, sei es in der Teamarbeit, in der Kaffeepause, beim Mittagessen oder bei der gemeinsamen Teilnahme am gesellschaftlichen Leben nach der Arbeit. Sie fühlen sich abgeschnitten, sozial isoliert, allein. Das kann schon nach wenigen Tagen zu einem Lagerkoller führen.

Wenn dies auf Sie zutrifft, gehören Sie zu den sogenannten «lauten» und «nach außen gerichteten» Menschen. Gemäß C. G. Jung, dem Begründer der analytischen Psychologie, unterscheiden sich Menschen durch bestimmte Persönlichkeitsmerkmale. Entweder sind sie eher der Außenwelt zugewandt und gelten daher als extrovertiert, oder sie richten ihre Aufmerksamkeit vermehrt nach innen und werden als introvertiert bezeichnet.

Ausgeprägt extrovertierte Menschen blühen auf, wenn sie mit anderen Menschen zusammen sind und zusammenarbeiten. Sie sind gesellig, kontaktfreudig, kommunikativ, sie brauchen Nähe und genießen es, im Mittelpunkt zu stehen. Wenn ständig etwas los ist, dann geht es ihnen gut. Extrovertierte füllen ihre Energiereserven durch die Begegnungen mit anderen Menschen und durch möglichst viel Abwechslung und Impulse von außen auf. Ihre Interaktion ist klar nach außen gerichtet. Ein Großraumbüro zum Beispiel ist für diesen Menschentypen eine Spielwiese der Glückseligkeit.

Introvertierte Menschen hingegen, die das wochenlange Verbleiben im Homeoffice sehr genießen dürften, sind eher zurückhaltend, schweigsam, ruhig. Sie mögen den Austausch in kleinen Gruppen und meiden Menschenansammlungen, die für sie kräfteraubend sind. Introvertierte schöpfen ihre Energie aus der Stille, dem Rückzug, dem Innehalten und aus sich selbst. Im Alleinsein laden sie ihre Batterien wieder auf. Sie sind sich selbst genug. Ihre Interaktion ist klar nach innen gerichtet. Für viele Introvertierte, auch «Leise» genannt, ist die Zwangspause im Homeoffice ein rechter Segen.

KURZ UND KNAPP
— Viele Menschen vermissen im Homeoffice die Nähe und den Kontakt zu den Kollegen und Kolleginnen.
— Speziell extrovertierte Menschen blühen auf, wenn etwas los ist und sie von anderen physisch umgeben sind.

BUCHTIPP
— Löhken, Sylvia (2016): Intro, Extro oder Zentro? 30 Minuten. GABAL Verlag, Offenbach am Main.

WEB
— Kerr, Jasmine / Meins, Erika (2022): Home-Office: Da fehlt doch etwas?
— Haufe (2022): Homeoffice: Sehnsucht nach den Kollegen.

Jasmine Kerr / Erika Meins
www.nzz.ch/meinung/home-office-da-fehlt-doch-was-ld.1669872?reduced=true

Haufe
www.haufe.de/arbeitsschutz/gesundheit-umwelt/homeoffice-sehnsucht-nach-den-kollegen_94_558474.html

LÖSUNGSSTRATEGIEN

Die Situation akzeptieren
Kein Mensch ist zu 100 Prozent extrovertiert oder zu 100 Prozent introvertiert. Wir alle tragen beide Persönlichkeitsmerkmale – Introversion und Extroversion – in uns; dies jedoch mit unterschiedlicher Ausprägung.

Dass Ihnen die Arbeit im Homeoffice nicht so gut bekommt, lässt vermuten, dass bei Ihnen die Extroversion überwiegt. Ihr Lebenselixier sind die physisch-sozialen Begegnungen. Akzeptieren Sie sowohl diese Tatsache als auch die Situation, so wie sie ist, denn ändern können Sie sie leider sowieso nicht. Wenn Sie sich sträuben und dagegen ankämpfen, verstärken und verlängern Sie Ihr seelisches und körperliches Leiden. Denn Widerstand ist Leiden!

Tipps
— Legen Sie im Homeoffice öfter kleine Pausen ein. Telefonieren Sie zwischendurch mit Bekannten und Freundinnen und Freunden.
— Verabreden Sie kleine Telefonkonferenzen.
— Legen Sie ein Schwätzchen mit der Nachbarin, Familienmitgliedern etc. ein.
— Machen Sie in der Mittagspause Besorgungen in verschiedenen Geschäften.

ERKENNTNISSE FÜR MICH

> Das Schönste an physischer Büroarbeit ist, dass du immer andere an deiner Seite hast.
> **Margaret Carty**

ZUSATZMATERIAL
— Test «Bin ich introvertiert oder extrovertiert?»

3.11 WIE REAGIERE ICH WENIGER SENSIBEL AUF KRITIK?

Wenn meine Partnerin das zubereitete Abendessen nicht schätzt, mein Arbeitskollege meine Arbeit kritisiert oder mir während einer Präsentation eine Zuhörerin einen mürrischen Blick zuwirft, fühle ich mich schnell angegriffen und verletzt. Wieso reagiere ich so empfindlich? Und was kann ich dagegen tun?

Menschen gehen unterschiedlich mit Kritik um. Das Spektrum erstreckt sich von «Wer mich kritisiert, bestimme ich», wie Winston Churchill zu sagen pflegte, bis hin zu Menschen, die sich jeweils so fühlen, wie man sie von außen bewertet: Wenn sie gelobt werden, fühlen sie sich gut; wenn sie kritisiert werden, dann fühlen sie sich schlecht.

Ratsam ist, sich irgendwo im Mittelfeld zu bewegen. Schmettert man jede kritische Rückmeldung als unwahr oder unwichtig ab, ist man nicht konflikt- und beziehungsfähig. Legt man hingegen alles auf die Goldwaage und trifft einen jede kleine Kritik ins Herz, dann macht man seinen Gemütszustand vom Gegenüber abhängig. Ist der Daumen oben, dann ist alles gut; ist der Daumen unten, wird man von vernichtenden Gefühlen geradezu überflutet und ist den Tränen nahe.

Für das Umfeld ist das oft nicht nachvollziehbar. Denn obwohl die heftigen Gefühle im Hier und Jetzt ausgelöst werden, liegt deren Ursache meist in der Vergangenheit. Zurückweisungen und Verletzungen, die man in der Vergangenheit erlebt hat, können im Erwachsenenalter immer wieder durchbrechen. Speziell schnell einsetzende, intensive Gefühle sind oft ein Hinweis auf Vorerfahrungen, die nun plötzlich hochdrängen.

Im Folgenden finden Sie Tipps für mehr Gelassenheit.

KURZ UND KNAPP
— Menschen gehen unterschiedlich mit Kritik um.
— Kritik bzw. den anderen Blickwinkel anzunehmen ist wichtig und lässt uns wachsen.
— Gegen Empfindlichkeit hilft, die Stopptaste zu drücken, nachzufragen, eine Schutzmauer aufzubauen und die eigene Körperhaltung zu beachten.

WEB
— Kratzer, Anne (2021): Narzissmus.

Anne Eratzer
www.psychologie-heute.de/leben/artikel-detailansicht/41618-narzissmus.html

BUCHTIPPS
— Kessler, Martina / Hübner, Michael (2016): Von Kritik lernen, ohne verletzt zu sein. Brunnen Verlag, Gießen.
— Brown, Brené (2017): Verletzlichkeit macht stark. Wie wir unsere Schutzmechanismen aufgeben und innerlich reich werden. Goldmann Verlag, München.
— Wardetzki, Bärbel (2005): Mich kränkt so schnell keiner mehr! Wie wir lernen, nicht alles persönlich zu nehmen. Dtv Verlag, München.
— Wolf, Doris (2022): Ab heute kränkt mich niemand mehr. 101 Power-Strategien, um Zurückweisung und Kritik nicht mehr persönlich zu nehmen. PAL Verlag, München.

LÖSUNGSSTRATEGIEN

Stopp-Taste nutzen
Konzentrieren Sie sich auf Ihren Atemfluss, anstatt auf Äußerungen instinktiv zu reagieren. Das schafft Abstand zu dem, was vorgefallen ist. Es hilft, den Verstand einzuschalten und die Situation sachlich zu analysieren, um sich von den Emotionen nicht mitreißen zu lassen.

Situation klären
Haben Sie die Äußerung in den falschen Hals bekommen? Haben Sie vielleicht aus den Worten Ihres Gegenübers etwas herausgehört, was es nicht meinte? Die Chance, dass dem so ist, ist groß. Denn wir alle interpretieren Worte anderer aufgrund unserer seelischen Verfassung. Stellen Sie klärende Fragen. Teilen Sie mit, wie Sie sich fühlen.

Nachfragen
Fragen Sie sich, ob an den Worten Ihres Gegenübers etwas dran sein könnte. Das erfordert Mut und die Bereitschaft, sich Fehler und Schwächen einzugestehen. Doch nur so können Sie sich weiterentwickeln. Ist an den Worten nichts dran, haken Sie sie ab.

Schutzmauer aufbauen
Sagen Sie sich: «Ab sofort entscheide ich selbst, wie ich die Dinge bewerte. Ich bin frei, auch Gutes in der Äußerung zu sehen.»

Körperhaltung beachten
Der Körper wirkt auf den Gemütszustand. Nehmen Sie in Anwesenheit anderer eine furchtlose Körperhaltung ein: schulterbreit stehen, Oberkörper aufgerichtet, Brust raus. Boxen etwa hilft, eine Körperhaltung zu bekommen, die signalisiert: Ich lasse mich nicht kleinmachen!

ERKENNTNISSE FÜR MICH

3.12 WIE KOMME ICH STRESSFREI DURCH DAS LEBEN?

> **Jahraus, jahrein gibt es viel zu tun – sowohl beruflich als auch privat. Ich befürchte, wie alle Jahre wieder, völlig erschöpft in die Ferien zu starten. Wie kann ich das vermeiden und lernen, mir immer wieder Pausen zu gönnen?**

Pausen sind wichtig. Das wissen wir alle. Schließlich ist der Mensch keine Maschine, die rund um die Uhr immer gleich funktioniert. Wir brauchen Pausen, um uns zu erholen und danach wieder fit an die Arbeit oder an die Aufgaben des Alltags gehen zu können. Umfragen zufolge lässt fast ein Viertel aller Arbeitnehmenden erholsame Pausen oft oder immer ausfallen. Offensichtlich scheint nicht allen bewusst zu sein, wie wichtig Pausen sind.

Haben wir viel zu tun, arbeiten wir hoch motiviert an einer Aufgabe und wollen dranbleiben. Dann nehmen wir unter Umständen nicht wahr, wenn Körper und Geist bereits ermüdet sind und eine kleine Auszeit brauchen.

Im Folgenden finden Sie Hinweise und Tipps, wie man Pause macht.

KURZ UND KNAPP
— Der Mensch ist keine Maschine. Pausen zu machen ist wichtig.
— Häufige kurze Pausen (zwei bis fünf Minuten) sind effektiver und lassen uns länger arbeiten.
— Es lohnt sich, bewusst Pausen einzuplanen und dann selbstbestimmt etwas anderes zu machen.

WEB
— Thelly, Reena (2023): Wege aus dem Dauerstress: Endlich zur Ruhe kommen – die unterschätzte Kraft der Pause.
— Toprak, Mehmet (2018): Pause machen, aber richtig.
— mit-Kindern-lernen.ch (o. J.): Pausen und Erholung.

Reena Thelly
www.srf.ch/kultur/gesellschaft-religion/wege-aus-dem-dauerstress-endlich-zur-ruhe-kommen-die-unterschaetzte-kraft-der-pause

Mehmet Toprak
www.missmoneypenny.ch/article/ratgeber-richtig-pause-machen

mit-Kindern-lernen.ch
www.mit-kindern-lernen.ch/lernen-kinder/pausen-und-erholung/130-rechtzeitig-pausen-einlegen

> **Die Kunst des Ausruhens ist ein Teil der Kunst des Arbeitens.**
> John Steinbeck

BUCHTIPPS
— Scharnhorst, Julia (2017): Pausen machen munter. Kraft tanken am Arbeitsplatz. Taschen Guide. Haufe Verlag, Freiburg.
— Hottinger-Streuli, Norah H. / Frei-Birrer Andrea (2016): Pausen-Kultur. Kreative und kraftvolle Pausen machen die Arbeit erst effizient! BoD – Books on Demand, Norderstedt.
— Wawrzinek, Ursula / Schauer, Annette (2013): Was tun, wenn es brennt? Neue Strategien gegen Burnout. Klett Cotta Verlag, Stuttgart.

LÖSUNGSSTRATEGIEN

Anzeichen nicht ignorieren
Sendet der Körper Signale wie Leistungsschwankungen, Konzentrationsschwierigkeiten, Augenbrennen oder Nackenschmerzen, dann ist es höchste Zeit für eine Pause. Wenn wir Zeichen wie diese ignorieren, laugen wir Körper und Geist aus und setzen langfristig unsere Gesundheit aufs Spiel. Gerade, wenn es uns am schwersten fällt, eine Pause einzulegen, brauchen wir sie am dringendsten.

Ideale Pausenzeiten
Experten und Expertinnen raten, stündlich zwei bis fünf Minuten zu pausieren und nach vier Stunden eine längere Pause von mindestens 30 Minuten zu machen (BRAC-Prinzip: Basic Rest-Activity Cycle). Je häufiger wir eine Mikropause einlegen, desto schneller baut der Körper aufkommende Müdigkeit wieder ab. Wenn wir so lange mit einer Unterbrechung warten, bis wir erschöpft sind, braucht es eine wesentlich längere Regeneration. Gesetzlich sind fünf Minuten bei einer täglichen Arbeitszeit von mehr als fünfeinhalb Stunden, 30 Minuten bei einer täglichen Arbeitszeit von mehr als sieben Stunden, eine Stunde bei einer täglichen Arbeitszeit von mehr als neun Stunden vorgeschrieben.

Echte Pausen
Echte Pausen sind Entspannungsphasen, in denen wir uns bewusst einen kurzen Moment aus dem täglichen Wettrennen herausnehmen, unsere Arbeit unterbrechen, nicht erreichbar sind und uns mit anderen Dingen beschäftigen, wie etwa Tagträumen oder aus dem Fenster schauen. Diese kleinen Auszeiten machen uns wieder leistungsfähig, kreativ und lassen uns neue Lösungswege finden. Wer müde ist, bleibt gedanklich eher auf eingefahrenen Bahnen.

Komplementäre Pausen
Eine passende Pausenform für alle gibt es nicht, sie ist abhängig von Tätigkeit und individueller Neigung. Empfehlenswert sind jedoch komplementäre Pausen: Machen Sie etwas anderes als zuvor. Statt zu sitzen, bewegen Sie sich, statt zu sprechen, schweigen Sie und blicken aus dem Fenster, statt körperlich schwer zu arbeiten, legen Sie die Beine hoch. Bedenken Sie, was Ihnen Freude bereitet und Sie erfüllt.

Pausen einplanen
Schaffen wir uns bewusst kleine Inseln im Berufsalltag, planen wir sie in unsere To-Do-Liste ein, damit wir langfristig gesund, motiviert und leistungsfähig bleiben. So lässt sich das Arbeitsleben ohne Erschöpfung meistern.

ERKENNTNISSE FÜR MICH

NOTIZEN
KAPITEL 3

4

KNIGGE AN-WENDEN

— MIT ELEGANZ

4.1 WIE LANGE DARF ICH MIR MIT DER ANTWORT ZEIT LASSEN?

Wie viel Zeit darf höchstens vergehen, bis auf ein geschäftliches E-Mail oder eine Handynachricht reagiert werden muss? Und ist im umgekehrten Fall Nachhaken erlaubt, wenn es mit der Antwort zu lange dauert? Gibt es dazu Faustregeln oder Anstandsrichtlinien?

Wie lange wir uns Zeit lassen dürfen, um auf eine Nachricht zu antworten, hat nicht primär mit dem Kanal zu tun, über den uns eine Nachricht erreicht, sondern mit dem Inhalt der Nachricht. Doch es ist empfehlenswert, sich als Nachrichtensender oder -senderin gut zu überlegen, welche Kommunikationsform – insbesondere im beruflichen Kontext – für den entsprechenden Inhalt die beste ist. Bei schwierigen und komplizierten Inhalten (Kritik, Konflikt, komplexe Sachverhalte ...) oder wenn eine schnelle Reaktion nötig ist, um weiterarbeiten zu können, nutzen Sie besser das Telefon oder den persönlichen Kontakt. Lassen Sie den Empfänger oder die Empfängerin auch wissen, bis wann Sie eine Antwort erwarten.

Als Nachrichtenempfänger oder -empfängerin bin ich stets gefordert, die täglich überlaufenden Postfächer und die vielen Handynachrichten zu priorisieren und zu beantworten. Was nicht sofort beantwortet wird, geht gerne vergessen. Dies ist nicht nur unhöflich, sondern wirkt auch unprofessionell.

Im Folgenden finden Sie dazu Faustregeln und Anstandsrichtlinien.

KURZ UND KNAPP
— Entscheidend für die Reaktionszeit ist der Inhalt der Nachricht, nicht der Kanal.
— Ignorieren Sie keine Nachrichten.
— Reagieren Sie im geschäftlichen Verkehr innerhalb von 24 Stunden auf eine Nachricht.

WEB
— Winnemuth, Meike (2019): Kommunikations-Knigge: Wie und wann man auf Nachrichten reagieren sollte.

Meike Winnemuth
www.stern.de/panorama/meike-winnemuth/der-nachrichten-knigge-der-digitalen-kommunikation--8846100.html

BUCHTIPPS
— Freiher von Knigge, Moritz (2020): 50 Fragen an Knigge zum Thema Smartphone. Moses Verlag, Kempen.
— Kleber, Barbara (2016): Knigge für jeden Tag. Richtiges Benehmen, Zeitgemäße Umgangsformen. Humboldt Verlag, Hannover.

LÖSUNGSSTRATEGIEN

Nachrichten nicht ignorieren

Nachrichten – egal über welchen Kommunikationskanal – dürfen nicht ignoriert werden. Denn das schafft Verunsicherung, Irritation und ein ungutes Gefühl beim Nachrichtensender oder der Nachrichtensenderin. Wir alle brauchen Anerkennung. Das Wort «Anerkennung» kommt vom lateinischen «agnoscere» und heißt so viel wie wahrnehmen, erkennen. Wenn ich auf eine (An-)Frage nicht reagiere, enthalte ich dem anderen Anerkennung vor. Ich übersehe ihn, nehme ihn nicht wahr, und dies ist demütigend. Meine Empfehlung: Reagieren Sie immer, wenn auch zunächst vielleicht nur kurz! Dann ist der Kommunikationskreislauf geschlossen.

Zwischennachricht senden

Berufstätige antworten auf eine Nachricht am besten innerhalb von 24 Stunden beziehungsweise spätestens am folgenden Werktag. Gelingt das nicht, muss zumindest für eine Zwischennachricht Zeit sein. Ein kurzes «Ich kümmere mich darum» oder «Ich bin dran und melde mich bis ...» reicht.

Nachhaken erlaubt

Bleibt eine Antwort aus, dürfen Sie ruhig nachhaken. Erkundigen Sie sich höflich nach dem Stand der Dinge.

Nachrichten priorisieren

Das Eisenhower-Prinzip, eine Methode des Zeitmanagements, gibt auch Aufschluss über die Frage nach der Reaktionszeit. Anstehende Aufgaben werden priorisiert, damit sie gut zu bewältigen sind. Eine eingehende Nachricht ist nichts anderes als eine Aufgabe, die es zu erledigen gilt. Zwei Fragen sind dabei zu beantworten:
1. Ist die Nachricht wichtig?
2. Ist die Nachricht dringend?

Daraus ergibt sich eine Matrix mit vier Handlungsempfehlungen:
— **A:** wichtig und dringend = unverzüglich antworten;
— **B:** wichtig und nicht dringend = bei Gelegenheit antworten;
— **C:** nicht wichtig, aber dringend = zeitnah oder gar nicht antworten – ggf. delegieren;
— **D:** nicht wichtig und nicht dringend = Sie haben die Wahl, was Sie tun wollen.

Doch denken Sie daran: Es kommt immer wieder vor, dass der Sender oder die Senderin die Nachricht für wichtiger und dringender hält, als Sie als Empfänger oder Empfängerin es tun. Im Endeffekt ist es stets die Person, die die Nachricht sendet, die das Urteil über Ihre Reaktionszeit fällt.

ERKENNTNISSE FÜR MICH

ZUSATZMATERIAL
— Übung «Prioritäten setzen»

4.2 WIE FORMULIERE ICH GESCHÄFTSSCHREIBEN ÜBERZEUGEND?

Ich bekomme häufig Post von Geschäftspartnerinnen, Lieferanten oder Kundinnen, bei denen ich denke: Können die nicht so schreiben, dass ich es auch verstehe? Und natürlich frage ich mich, ob meine eigenen Schreiben passend formuliert sind. Gibt es Regeln und Tipps für eine angemessene moderne Geschäftssprache?

Jeder Geschäftsbrief, ob Anfrage, Angebot oder Rechnung, ist eine Visitenkarte des Unternehmens. «Glänzen» Kundenbriefe durch abgedroschene Floskeln, veraltete Standardsätze, Fachausdrücke, Fremdwörter, Abkürzungen, Unsicherheiten und Negationen, dann schaffen sie Distanz, Unverständnis und laufen Gefahr, die Aufmerksamkeit des Lesers oder der Leserin zu verlieren.

Es lohnt sich, den Kunden oder die Kundin in den Mittelpunkt zu stellen. Modernisieren Sie Ihre Korrespondenz, damit sie auch mit Freude gelesen wird und ihr Ziel erreicht. Wecken Sie mit Ihrem Schreiben positive Emotionen, signalisieren Sie Verständnis und Entgegenkommen.

Konkrete Tipps für eine moderne Korrespondenz finden Sie auf der nächsten Seite.

KURZ UND KNAPP
— Die schriftliche Korrespondenz gehört zur Visitenkarte eines Unternehmens.
— Altmodische und schwerfällige Formulierungen sind genauso zu vermeiden wie typische Floskeln.
— Sprechen Sie Ihren Adressaten oder Ihre Adressatin direkt an und formulieren Sie persönlich, verbindlich, positiv und lösungsorientiert.

WEB
— directpoint.ch (o. J.): Korrespondenz heute: Briefe zeitgemäß formulieren.
— sekretaria.de (o. J.): Geschäftsbriefe schreiben – modern und individuell.

directpoint.ch
www.directpoint.ch/de/kampagnenprozess/textentwicklung/korrespondenz-heute

sekretaria.de
www.sekretaria.de/bueroorganisation/korrespondenz/geschaeftsbriefe/

BUCHTIPP
— Kern, Andrea (2022): Kartenset Moderne Korrespondenz. Orell Füssli Verlag, Zürich.

LÖSUNGSSTRATEGIEN

Sprechen Sie den Adressaten / die Adressatin direkt an
Etwa «Sie erhalten …» statt «Wir senden Ihnen …» oder «Wir haben eine gute Nachricht für Sie» statt «Wir freuen uns, Ihnen mitteilen zu dürfen …»

Sprechen Sie den Adressaten / die Adressatin persönlich an
Floskeln und Textbausteine wirken verstaubt und wenig dynamisch. «Bezugnehmend auf Ihr Schreiben vom …» wirkt weniger professionell als «Danke für Ihr Schreiben vom …». Statt «Wir verbleiben bis dahin mit …» empfiehlt sich schlicht und einfach «Mit herzlichen Grüßen».

Formulieren Sie konkret
Konjunktive wie «könnte», «dürfte», «würde» und sogenannte Füllwörter wie «eventuell», «vielleicht», «eigentlich» erwecken den Eindruck von Unsicherheit und schaffen Unbehagen. Nennen Sie lieber Tatsachen, zum Beispiel «Ich sehe mir die Sache gleich an» statt «Ich könnte mir das mal ansehen».

Formulieren Sie positiv
Jedes «Nein» oder «Nicht» drückt eine Barriere, ein Hindernis aus. Wir reagieren entweder ärgerlich oder weichen innerlich zurück und verschließen uns. Den Kunden oder die Kundin interessiert es nicht, was nicht geht, sondern was geht! Geben Sie deshalb Aussicht auf Lösungen. Etwa: «Folgendes können wir machen …» statt «Das machen wir nicht» oder «Die beste Lösung, die ich Ihnen anbieten kann, ist …» statt «Nein, das geht nicht».

Argumentieren Sie mit Nutzen
Der Nutzen ist die Antwort auf die Frage des Kunden oder der Kundin «Was bringt mir das?». Dabei ist zu bedenken, dass nicht jeder Nutzen jedem dient. Folglich bedarf es zuerst einer sorgfältigen Klärung, was der Kunde oder die Kundin wirklich braucht. Sind die Nutzenargumente bekannt, lohnt es sich folgende Formulierungen zu verwenden: «Das bedeutet für Sie …», «Das erspart Ihnen …», «Das erlaubt Ihnen …», «Das bringt Ihnen …», «Dadurch gewinnen Sie …».

Verwenden Sie moderne Anreden und Schlusssätze
Starten Sie mit einer modernen Anrede und Einleitung, um das Gefühlsklima positiv zu beeinflussen. Etwa so: «Guten Tag, Frau X. Vielen Dank für Ihre freundliche Anfrage.» Auch der Schlusssatz soll freundlich klingen.

Schreiben ist ein schöpferischer Prozess, der kein Korsett verträgt. Lassen Sie sich auf die Adressaten und Adressatinnen ein. So werden Sie zum Bindeglied zwischen ihnen und Ihrem Unternehmen.

ERKENNTNISSE FÜR MICH

> Schreibe nur wie du reden würdest, und so wirst du einen guten Brief schreiben.
> — Johann Wolfgang von Goethe

4.3 ICH KANN MIR NAMEN SCHLECHT MERKEN – GIBT ES DA TRICKS?

Ich habe große Mühe, mir auch nur zwei oder drei Namen von unbekannten Menschen zu merken. Bei geschäftlichen oder feierlichen Anlässen ist mir das peinlich. Ich versuche mich dann jeweils durchzuschummeln und vermeide es, den Namen beim Verabschieden zu nennen. Ist es besser, wenn ich immer wieder nach dem Namen frage? Und gibt es Tricks, wie man sich Namen einprägen kann?

Ein kleiner Trost: Sie sind nicht allein! Das geht vielen Zeitgenossen so. Ein nachvollziehbarer Grund für eine Namensschwäche ist die akute Reizüberflutung. Wenn wir einen Menschen kennenlernen, gilt unsere ganze Aufmerksamkeit der «Oberfläche», also dem Gesicht. Das Ohr ist noch nicht bereit, den Namen aufzunehmen.

Fragen Sie am besten nach: «Tut mir leid, wie war doch gleich Ihr Name?» Die Nennung des Namens – auch beim Verabschieden – gehört zum guten Ton. Und falls Sie den Namen trotz aller Bemühungen auch beim zweiten Mal nicht verstanden oder behalten haben, fragen Sie ein weiteres Mal nach, zum Beispiel so: «Wie schreibt sich Ihr Name?». Oder lassen Sie sich eine Visitenkarte geben. Namen sind Schlüssel zu Personen. Sich diese Namen einzuprägen, gehört zum Respekt, den Sie anderen Menschen schuldig sind.

Ein zweiter Grund für diese Schwierigkeit könnte sein, dass heutzutage viele Namen keinen Anknüpfungspunkt mehr in unserer Sprache haben. Bei Namen wie Schneider, Müller, Weber kann man sich eine Berufstätigkeit vorstellen. Bei Namen ohne direkt erkennbare Bedeutung ist unter Umständen eine Technik beziehungsweise sind unkonventionelle Mittel und Wege zur Namensspeicherung nötig.

Im Folgenden finden Sie ein paar Tipps und Tricks zur Memorierung.

KURZ UND KNAPP
— Namen merken lässt sich üben.
— Schenken Sie der Namensnennung Ihre volle Aufmerksamkeit.
— Zur Memorierung hilft, Namen sofort zu repetieren und auszusprechen, Bildassoziationen und Namen aufzuschreiben.

BUCHTIPP
— Koch, Robert G. (2020): Der Schlüssel zum Gehirn – nutze dein Potenzial. Beobachter, Zürich.

WEB
— Kreuter, Dirk (2019): Gedächtnistraining – Gehirnjogging – Gehirntraining mit Gregor Staub. Youtube-Video.
— Staub, Gregor (o. J.): Gedächtnistraining.
— Schweizerischer Verband für Gedächtnistraining (o. J.): Lernen – Gedächtnis – Training.

Dirk Kreuter
www.youtube.com/watch?v=rJkmKiX2xYU

Gregor Staub
https://gregorstaub.com/gedaechtnistraining/

Schweizerischer Verband für Gedächtnistraining
https://svgt.swiss/

LÖSUNGSSTRATEGIEN

Schenken Sie der Namensnennung Ihre volle Aufmerksamkeit
Schenken Sie der Person und ihrer Namensnennung Ihre volle Aufmerksamkeit. Fragen Sie insbesondere bei ungewöhnlich klingenden Namen nach, woher der Name kommt und was er eventuell bedeutet. Das erleichtert das Verständnis und die Speicherung.

Repetieren Sie den Namen – Wiederholungen sind wichtig
Begrüßen Sie die vorgestellte Person gleich mit dem Namen. Wiederholungen sind wichtig für unser Gedächtnis. Repetieren Sie auch im Geist den Namen und nennen Sie ihn im Gespräch öfter.

Assoziieren Sie den Namen mit einem Merkmal oder Bildern
Versuchen Sie den Namen der Person mit einem charakteristischen Merkmal (Haarfarbe, Gesicht) zu verknüpfen oder mit passenden Bildern zu assoziieren. Machen Sie eine kurze Geschichte daraus. Je verrückter, desto besser. Mit diesem Schritt verbinden wir unsere beiden Gehirnhälften und vereinfachen die Namensspeicherung.

Schreiben Sie den Namen auf
Schreiben Sie den Namen ein- oder zweimal auf. Mit Aufschreiben lässt sich das Gedächtnis ebenfalls trainieren.

Ziel ist es, sich in Kürze ausführlich mit dem neuen Namen zu beschäftigen und somit dem Gehirn zu signalisieren, dass diese Information wichtig ist und abgespeichert werden muss. Und zu guter Letzt: Es ist noch kein Meister vom Himmel gefallen. Üben Sie ganz unverkrampft, und setzen Sie sich nicht unter Erfolgsdruck.

ERKENNTNISSE FÜR MICH

> Das Gedächtnis nimmt ab, wenn man es nicht übt.
> Marcus Tullius Cicero

KNIGGE ANWENDEN — MIT ELEGANZ

4.4 WER RUFT ZUERST ZURÜCK, WENN DIE VERBINDUNG WEG IST?

Ich telefoniere oft unterwegs mit dem Handy. Häufig bricht da die Verbindung ab, aus verschiedenen Gründen. Ich frage mich dann jedes Mal, ob ich nun wieder anrufen oder abwarten soll, bis der Gesprächspartner oder die Gesprächspartnerin sich meldet? Ist es stillos, die andere Person wieder anrufen zu lassen? Gibt es hier eine Regel?

Die Situation, die Sie beschreiben, haben wir wohl alle schon erlebt: Mitten im Telefonat wird das Gespräch unterbrochen. Also bemühen sich beide Parteien zeitgleich, die Verbindung wieder aufzubauen. Die Folge: Sie kommen nicht durch. Die Leitung ist besetzt. Sie versuchen es weitere Male und geben dann entnervt auf, weil Sie nicht durchkommen. Natürlich deshalb, weil Ihr Gesprächspartner oder Ihre Gesprächspartnerin dasselbe versucht wie Sie.

Solch mühselige Aktionen sind mit einer einfachen Regel ganz leicht zu verhindern. Immer die Person, die angerufen hat, erneuert den Telefonkontakt, ungeachtet dessen, was der Grund für den Abbruch war.

Wenn Sie in einem solchen Fall als angerufene Person auf die Reaktion Ihres Gesprächspartners oder Ihrer Gesprächspartnerin warten, ist das keineswegs stillos, sondern es erleichtert Ihnen beiden, das Telefonat wieder aufzunehmen. Eher könnte es brüskieren, wenn Sie es als Anruferin dem anderen überlassen, die Initiative zu ergreifen. Schließlich haben Sie sich ja mit Ihrem Anliegen an Ihren Gesprächspartner gewandt und wollen etwas von ihm. Auch wenn Sie nur «Hallo» sagen oder nach seiner Befindlichkeit fragen wollen – Sie sind die Initiatorin. Es liegt an Ihnen, erneut den Kontakt zu suchen.

Und auch, wenn das eigentliche Gespräch schon fortgeschritten war, ist es empfehlenswert, nach dem Abbruch das Gespräch wieder aufzunehmen, um sich noch mit Worten zu verabschieden. Dann ist das Gespräch abgerundet und wirklich abgeschlossen.

Wie sieht es im Kundenkontakt aus? Hinweise dazu finden Sie im Folgenden.

KURZ UND KNAPP
— Wer den ursprünglichen Anruf initiiert hat, initiiert dann auch den zweiten.
— Eine Ausnahme bilden berufliche Telefonate: Hier wird stets der Kunde oder die Kundin zurückgerufen.

WEB

— Mai, Jochen (2022): Handy-Knigge: 13 kluge Regeln für Arbeitsplatz + Schule.

Jochen Mai
https://karrierebibel.de/handy-knigge/

LÖSUNGSSTRATEGIEN

Den Kunden oder die Kundin zurückrufen

Im Berufsleben gilt nach wie vor, dem Grundsatz «Der Kunde ist König» gerecht zu werden. Wird also das Gespräch mit einer Kundin unterbrochen, freut diese sich sicherlich über den Service eines Rückrufs. Mehr noch, sie weiß Ihre Initiative ganz besonders zu schätzen, wenn sie selbst die Anruferin war und vielleicht sogar in der Warteschlange hing, um mit Ihnen verbunden zu werden.

Leitung besetzt

Ist die Leitung des Kunden beim Rückruf besetzt, warten Sie mit Ihrem zweiten Versuch eine Weile, um sich nicht gegenseitig zu blockieren. Falls Sie bereits beim ersten Anruf merken, dass die Leitung instabil ist, dann kündigen Sie am besten schon vorsorglich an, dass Sie im Falle einer Gesprächsunterbrechung nochmals anrufen werden. Mit dieser Servicebereitschaft machen Sie auf Ihren Kunden einen guten und professionellen Eindruck.

Den Standort wechseln

Zuletzt noch ein allgemeiner Hinweis bezüglich solch lästiger Unterbrechungen: Oft ist ein Funkloch oder ein schwaches Netz der Grund für einen Abbruch. Wechseln Sie folglich in der Zwischenzeit Ihren Standort und versuchen Sie es dann erneut.

ERKENNTNISSE FÜR MICH

> Ihre Kunden kümmert es nicht, wie viel Sie wissen, bis sie wissen, wie viel Sie sich kümmern.
> **Damon Richards**

4.5 WIE VERABSCHIEDE ICH MICH STILVOLL AM ALTEN ARBEITSORT?

❓ Ich wechsle demnächst meinen Job und trete eine neue Herausforderung an. Gehört es sich, den Ausstand zu feiern? Bisher habe ich bei anderen Abgängern und Abgängerinnen Unterschiedliches erlebt, vom Umtrunk bis zum sang- und klanglosen Verschwinden. Wen lade ich dazu ein? Etwa auch die Vorgesetzten? Oder darf ich mich auf die Kollegen und Kolleginnen beschränken? Gibt es Alternativen zu einer Feier, falls mir das nicht so liegt?

Bis zum Moment des Abschieds gilt: Nach der Kündigung arbeiten Sie genau genommen nicht mehr für Ihren Chef oder Ihre Chefin, sondern vor allem für Ihren Ruf. Verabschieden Sie sich also ordentlich und feiern Sie einen Ausstand mit Anstand. Der letzte Eindruck zählt.

Verlassen Sie Ihr Unternehmen aus freien Stücken, dann ist eine kleine Feier oder ein Umtrunk angemessen, das ist persönlicher als etwa nur ein Abschiedsmail. Wer sich «französisch» aus dem Staub macht, hinterlässt keinen guten Eindruck. Und bekanntlich zählt der letzte Eindruck in der Arbeitswelt genauso wie der erste. Es könnte das Etikett der mangelnden Souveränität oder gar des Geizes an Ihnen haften bleiben.

Ein Ausstand zollt Respekt und zeigt, dass Sie gerne im ehemaligen Unternehmen gearbeitet und die Kollegen und Kolleginnen liebgewonnen haben. Wenn Sie zum Abschied hingegen keine Nettigkeit vorbereiten, dann signalisieren Sie, dass Ihre Wertschätzung sehr gering ausfällt. Dabei ist es durchaus möglich, dass man sich im Berufsleben mindestens zweimal begegnet oder Ihr früherer Vorgesetzter einmal als Referenz herangezogen wird.

Auch wenn Sie nicht im Guten auseinandergehen, lohnt es sich zu überlegen, was das richtige Vorgehen ist. Einerseits ist ein Ausstand ein sauberer Abschluss und ebnet den Weg für künftige Versöhnungen. Andererseits könnte es mit den Kollegen und Kolleginnen oder den Vorgesetzten zum gequälten Herumstehen kommen. Das ist zu vermeiden. In diesem Fall gehört eine persönliche Verabschiedung von den engsten Kollegen und Kolleginnen und ein Abschiedsmail an all jene, mit denen Sie zu tun hatten, zum guten Ton. Es war sicher nicht alles schlecht – heben Sie die positiven Aspekte der gemeinsamen Arbeit hervor und bedanken Sie sich für die Zusammenarbeit.

Im Folgenden finden Sie Tipps für die Ausstandsfeier.

KURZ UND KNAPP
— Ein stilvoller Abschied ist wichtig.
— Eine kleine Feier ist angemessen, wenn Sie das Unternehmen unter positiven Umständen verlassen.

WEB
— Mai, Jochen (2023): Ausstand geben: Das müssen Sie beachten.
— Bewerbung.co (o. J.): Ausstand geben: So gelingt er Ihnen am besten.
— Stellenmarkt.de (2023): Ausstand geben: So bleiben Sie in Erinnerung.

Jochen Mai
https://karrierebibel.de/ausstand/

Bewerbung.co
https://bewerbung.co/ausstand

Stellenmarkt.de
www.stellenmarkt.de/karrieremagazin/ausstand-geben

LÖSUNGSSTRATEGIEN

Sich an Ritualen orientieren
Wenn Sie sich für eine Ausstandsfeier entschieden haben, gibt es in Ihrem Unternehmen vielleicht feste Rituale, an denen Sie sich orientieren können. Auch hängt es von Ihrer Position ab: Als Abteilungsleiterin haben Sie mehr finanziellen Spielraum als der Jungangestellte. Da darf ruhig zur kleinen Feier in die Kantine eingeladen werden oder – wenn es richtig festlich werden soll – in ein Restaurant. Ansonsten bietet sich ein schnelles Glas Sekt im Stehen zum Feierabend an und etwas auf die Hand wie kleine Pizzaschnitten oder belegte Brötchen. Es darf auch etwas Süßes sein wie Muffins oder selbst gebackener Kuchen mit einer Tasse Kaffee. Laden Sie alle ein, mit denen Sie zusammengearbeitet haben, auch Ihre Vorgesetzten.

Zeitrahmen festlegen
Die Feier braucht nicht zwingend in der Firma stattzufinden. Mit engsten Kollegen und Kolleginnen ein Glas Wein trinken zu gehen, ist auch stilgerecht. Es empfiehlt sich, den Anlass gegen Feierabend anzusetzen oder sich vom Chef oder der Chefin eine Unterbrechung der Arbeitszeit genehmigen zu lassen. Damit die Feier nicht ewig dauert, lässt sich der Zeitrahmen in der Einladung festlegen: «Umtrunk von … bis …».

Abschiedsworte vorbereiten
Und zu guter Letzt: Überlegen Sie sich ein paar Sätze, die Sie an Ihre Gäste richten. Lassen Sie die vergangenen Jahre kurz Revue passieren, bedanken Sie sich für die gute Zusammenarbeit und sprechen Sie gute Wünsche für die Zukunft aus.

ERKENNTNISSE FÜR MICH

> Im Abschiednehmen zeigt sich der Charakter.
> Otto Pötte

4.6 MUSS ICH MICH DEM «DU-ZWANG» ANPASSEN?

Als Hauswartin erlebe ich (58) es bei Wohnungsführungen oder –übergaben immer wieder, dass junge Leute sich mit dem Vornamen vorstellen. Gilt die Regel nicht mehr, dass die ältere Person der jüngeren das «Du» anträgt?

Respekt ist die Basis für alles! Und das einseitige Duzen gilt bis heute als respektlos. Grundregel ist: Die Anrede unter Erwachsenen erfolgt auf Augenhöhe, insbesondere wenn man sich nicht näher kennt. Mit dem «Sie» sind wir zunächst einmal auf der sicheren Seite, denn es ist absolut wertfrei und immer richtig. Und soll geduzt werden, so bietet nach wie vor die ältere Person der jüngeren das «Du» an.

Der Trend zu sprachlicher Gleichmacherei infolge vermehrter Internationalisierung und Kulturvermischung ist klar erkennbar. Was in der Freizeit, im Sport oder in Vereinen längst Usus ist, wird als Firmenkultur in internationalen Großkonzernen, modernen Start-ups und Unternehmen propagiert. Auch in einigen Läden wird man vom Verkaufspersonal geduzt und stellt fest, dass die Namensschilder der Angestellten lediglich den Vornamen tragen. Traditionsunternehmen wie die SBB und die Kantonalbank Basselland haben kürzlich das flächendeckende Duzen eingeführt, jedoch nur intern. Siezen gilt als zu förmlich, distanziert, steif. Mit dem Duzen möchte man modern sein, Hierarchieunterschiede abbauen und den persönlichen Umgang fördern.

Das «Du» hält immer mehr Einzug, und dies zeigt Auswirkungen auf unsere Umgangsformen. Viele Menschen wissen nicht mehr, was angebracht ist, welche Anrede in welchem Kontext angebracht ist.. Fest steht aber: Mit der falschen Anrede treten wir ganz schnell ins Fettnäpfchen. So auch die jungen Leute in Ihrem Beispiel: Obwohl diese Selbstvorstellung mit Vornamen vermutlich nett gemeint ist, fühlen Sie sich überrumpelt, irritiert, vielleicht sogar beleidigt oder bloßgestellt. Sie möchten die durch das «Du» erzeugte Nähe nicht. Es könnte sein, dass diese jungen Menschen bloß gut ankommen, eine persönliche Nähe und Vertrautheit intendieren möchten. Vielleicht wollen sie die Wohnung unbedingt und erhoffen sich, dass Sie ein gutes Wort für sie einlegen beziehungsweise ein gutes Einvernehmen mit Ihnen als ihrer künftigen Hauswartin. Es könnte aber auch sein, dass sie kein Wissen oder kein Gespür für die allgemeinen Umgangsformen und die Gepflogenheiten haben, die hier gelten.

Wie Sie am besten reagieren, wenn Sie unerwünscht geduzt werden, finden Sie im Folgenden.

> **Mit dem Wissen wächst der Zweifel.**
> Johann Wolfgang von Goethe

KURZ UND KNAPP
— In unserem Kulturkreis gilt nach wie vor das «Sie» als die respektvollere Anrede.
— Zur richtigen Entscheidung, ob «Du» oder «Sie» angebracht ist, braucht es Fingerspitzengefühl.
— Korrigieren Sie ein unerwünschtes «Du» sofort und setzen Sie eindeutige Signale.

BUCHTIPPS
— Kleber, Barbara (2016): Knigge für jeden Tag. Richtiges Benehmen, Zeitgemäße Umgangsformen. Humboldt Verlag, Hannover.
— Schneider-Flaig, Silke (2022): Der neue große Knigge. Richtige Umgangsformen privat und im Beruf. Circon Verlag, München.

LÖSUNGSSTRATEGIEN

Sofort korrigieren
Werden Sie unerwünscht geduzt, empfiehlt es sich, dies sofort zu korrigieren, etwa mit: «Moment, mein Name ist Frau Xy, ich möchte nicht geduzt werden.» Oder: «Kennen wir uns? (Pause) Mein Name ist Frau Xy.» Eine Begründung braucht es nicht.

Aktiv sein, eindeutige Signale setzen
Damit Ihr Umfeld gar nicht auf die Idee kommt, Ihnen das «Du» anzubieten, können Sie zudem auch eindeutige Signale setzen. Gehen Sie aktiv auf die Person zu und stellen Sie sich vor: «Mein Name ist Xy, ich bin beauftragt, Ihnen die Wohnung zu zeigen.» Oder: «Ich bin Frau Xy, Ihre künftige Hauswartin. Ich bin von der Verwaltung beauftragt, Ihnen die Wohnung zu übergeben.»

Sie werden immer wieder auf Mitmenschen treffen, die sowohl Ihre persönliche Auffassung als auch die allgemeinen Empfehlungen zum höflichen Umgang bewusst oder unbewusst ignorieren. «Du» oder «Sie», zur richtigen Entscheidung gehört jede Menge Fingerspitzengefühl. Und das scheint in Zeiten des Wandels nicht ganz einfach zu sein beziehungsweise vielen Menschen zu fehlen.

ERKENNTNISSE FÜR MICH

4.7 NIESATTACKEN: MUSS ICH MICH JEDES MAL ENTSCHULDIGEN?

Ich leide stark unter Heuschnupfen, was mich sehr beeinträchtigt. Welche Benimmregeln gelten bei Heuschnupfen, und inwieweit muss ich mich erklären? Soll ich bei Niesattacken den Raum verlassen oder das Niesen unterdrücken? Kurz: Wie überstehe ich selbstsicher und sozial verträglich die Allergiesaison?

Mit dem Frühling beginnt für viele Menschen die Heuschnupfensaison. Mit steigenden Temperaturen und schönem Wetter machen die Pollen den Betroffenen den Alltag ganz schön schwer. Die Augen röten sich und schwellen an, die Nase ist verstopft und trieft, häufiges Niesen ist die unvermeidliche Folge. Allergiker und Allergikerinnen fallen auf und fühlen sich dadurch in ihrem sozialen Umfeld oft unwohl. Obwohl hier im Gegensatz zu einer Erkältung keine Ansteckungsgefahr besteht, lohnt es sich, einige Verhaltensregeln zu befolgen.

KURZ UND KNAPP
— Erklären bzw. entschuldigen Sie sich bei Niesattacken im Zweierkontakt.
— Im öffentlichen Raum und bei Besprechungen werden Körpergeräusche nach modernen Regeln nicht mehr kommentiert.

WEB
— Hofer, Julia (2023): Benimmregeln beim Niesen. «In einen Pulli niesen?!».

Julia Hofer
www.beobachter.ch/gesundheit/medizin-krankheit/nies-knigge-ins-taschentuch-oder-doch-in-die-armbeuge-niesen-wie-man-sich-beim-niesen-am-besten-verhalt-571281

BUCHTIPPS
— Stokar, Christoph (2019): Der Schweizer Knigge. Beobachter-Edition, Zürich.
— Kleber, Barbara (2016): Knigge für jeden Tag. Richtiges Benehmen. Zeitgemäße Umgangsformen. Humboldt Verlag, Hannover.
— Schneider-Flaig, Silke (2022): Der neue große Knigge. Richtige Umgangsformen privat und im Beruf. Circon Verlag, München.

LÖSUNGSSTRATEGIEN

Weisen Sie kurz auf den Heuschnupfen hin
Weisen Sie in der Arbeit oder bei gesellschaftlichen Anlässen bei einer erkennbaren Symptomatik kurz auf den Heuschnupfen hin. Eine Entschuldigung ist nicht nötig, da Sie für Ihre Erkrankung keine Schuld trifft. Aber Vorsicht: Halten Sie sich kurz und ersparen Sie Ihrem Umfeld (insbesondere unappetitliche) Details zu Ihrer Krankheitsgeschichte wie zum Beispiel: «Ich bin total verschleimt!»

Verlassen Sie eventuell den Raum
Verlassen Sie bei heftigem Schnäuzen oder einer ausgedehnten Niesattacke kurz den Raum.

Unterdrücken Sie Ihren Niesreiz nicht
Unterdrücken Sie Ihren Niesreiz nicht aus Rücksicht auf andere. Der hohe Druck, der dabei aufgebaut wird, kann Ihrer Gesundheit schaden. Niesen Sie also – aber bitte so stilvoll und diskret wie möglich. Drehen Sie Ihren Oberkörper zur Seite und niesen Sie am besten in ein Taschentuch, in die Armbeuge oder auf den linken Handrücken. So bleibt Ihre rechte Hand, die Sie anderen zur Begrüßung reichen oder zum Öffnen der Tür einsetzen, schleim- und keimfrei.

Schnäuzen Sie sich so leise wie möglich
Wenn die Nase läuft, schnäuzen Sie sich so leise und diskret wie möglich. Ein Elefanten-Trötkonzert zu geben, ist für Ihr Umfeld unangenehm. Und wichtig: Schauen Sie nicht nach, was die Nase hergegeben hat. Legen Sie auch kein vollgeschnupftes Papiertaschentuch auf den Tisch, um es aus ökonomischen Gründen mehrmals zu verwenden. Dies ist erstens ein unappetitlicher Anblick und zweitens unhygienisch. Entsorgen Sie es am besten sofort in der Handtasche oder im Mülleimer.

Das entsprechende Verhalten hängt vom sozialen Rahmen ab
Das Verhalten bei einem Niesanfall für ein zeitgemäßes Miteinander hängt vom sozialen Rahmen ab. Im Zweiergespräch ist es angemessen, sich kurz zu entschuldigen, etwa mit: «Entschuldigung, der Heuschnupfen plagt mich.» Letztlich unterbricht die Entschuldigung die Unterhaltung. Daher ist es nicht sinnvoll, dass Allergiker und Allergikerinnen sie für jeden einzelnen Nieser wiederholen. Einmal genügt. Als Gegenüber entscheiden Sie nach Gefühl, ob ein «Gesundheit!» als höflich empfunden beziehungsweise sogar erwartet wird.

In öffentlichen Räumen wird das Niesen ignoriert
Anders sieht es in Besprechungen und in öffentlichen Räumen aus. Hier empfiehlt es sich, das eigene Niesen ebenso zu übergehen, wie es von den anderen ignoriert wird.

Grundsätzlich gilt: Körpergeräusche werden nach modernen Regeln nicht mehr kommentiert. Sie werden dezent übergangen, um die Mitmenschen nicht in Verlegenheit zu bringen.

ERKENNTNISSE FÜR MICH

> Das Betragen ist ein Spiegel, in welchem jeder sein Bild zeigt.
> Georg Christoph Lichtenberg

4.8 MEIN MANN MACHT SICH OFFEN ÜBER ANDERE LUSTIG. WAS TUN?

In Gesellschaft hat mein Mann die Tendenz, sich aufzuspielen, schlecht über andere zu reden und sich über sie lustig zu machen. Die Gäste steigen oft darauf ein, und dann geht die Show erst richtig los. Mein Mann dramatisiert dann noch mehr. Mir ist das sehr peinlich. Was kann ich dagegen tun?

Wir reden über andere, machen uns über sie lustig. Das ist menschlich, und wir alle tun es, ob in der Familie, unter Freunden, am Arbeitsplatz. Solange wir es wertschätzend und wohlwollend tun, ist die Welt in Ordnung. Wenn wir es aber übertreiben und nur noch schlechte Dinge über andere sagen, über sie richten, sie lächerlich machen, dann verlassen wir den guten Ton.

Die Gründe für ein solches Verhalten können vielfältig sein. Ein paar Erklärungsversuche sind: Klatsch und Tratsch schaffen ein Wir-Gefühl. Es gilt als erwiesen, dass sich das gemeinsame Reden über Dritte positiv auf das soziale Miteinander auswirken kann. Erzählt jemand von peinlichen Auftritten und Missgeschicken anderer, stärkt dies das eigene Ego – schließlich gelten die Worte nicht uns, sondern jemand anderem. Steigen die Zuhörer und Zuhörerinnen auf die Erzählungen ein, ist das wie ein Freipass für die Person, die erzählt. Die Geschichten werden noch freudiger, noch überspitzter erzählt, ungeachtet des Wahrheitsgehalts. Der Unterhaltungswert ist groß. Oft wird damit ein unbewusster Wunsch nach Aufmerksamkeit kompensiert, da sich die Person von ihrem Umfeld vernachlässigt fühlt. Sie findet keinen Zugang zu sich selbst, sucht Bestätigung im Außen, rückt sich in den Mittelpunkt und baut so Selbstwertgefühl auf. Wer sich nicht in andere hineinversetzen kann, ist sich auch der Kränkung nicht bewusst, die gerade entsteht. Lästern ist oft ein Indiz für mangelnde Selbstreflexion.

Das können Sie tun …

KURZ UND KNAPP
— Lästern ist menschlich.
— Wenn wir nur noch schlecht über andere reden und sie lächerlich machen, dann verlassen wir den guten Ton.
— Sprechen Sie das Verhalten an, konfrontieren Sie das Lästermaul mit der Wirkung und vereinbaren Sie ein Stoppzeichen.

WEB

— Zeitblueten.com (2023): Herablassendes Verhalten: Warum Menschen andere schlechtmachen – 10 Gründe.
— Grüttefien, Sven (2018): Der Narzisst hält seinen Partner klein.

Zeitblueten.com
www.zeitblueten.com/news/herablassendes-verhalten-menschen-schlechtmachen-runtermachen/

Sven Grüttefien
https://umgang-mit-narzissten.de/narzissten-halten-ihren-partner-klein/

BUCHTIPPS

— Wardetzki, Bärbel (2005): Mich kränkt so schnell keiner mehr! Wie wir lernen, nicht alles persönlich zu nehmen. Dtv Verlag, München
— Hagemeyer, Pablo (2021): Die perfiden Spiele der Narzissten. Der nette Narzissmus-Doc klärt auf. Eden Books, Hamburg.
— Hühn, Susanne (2021): Ich lasse Deines bei dir. Schluss mit toxischen Beziehungen und Co-Abhängigkeit. Schirner Verlag, Darmstadt.

LÖSUNGSSTRATEGIEN

Das Verhalten ansprechen

Sprechen Sie Ihren Mann auf sein Verhalten an. Ein gesteigerter Aufmerksamkeitsdrang kann zur Gewohnheit werden, wenn nie darauf reagiert wird.

Schildern Sie die Wirkung auf Sie

Konfrontieren Sie Ihren Mann damit, wie sein Verhalten auf Sie wirkt und was es bei Ihnen auslöst. Zugegeben, das wird nicht einfach sein. Denn Sie müssen damit rechnen, dass Ihr Mann zunächst abweisend reagieren wird und sich vielleicht in seinem Ego gekränkt fühlt. Sagen Sie ihm, dass Sie ihn nicht verletzen wollen, dass es Ihnen aber wichtig ist, dass er Ihnen zuhört und Sie ernst nimmt.

Fragen Sie ihn: «Warum hast du dies so ausführlich erzählt? Was war deine Absicht?»

Bitten Sie ihn: «Wenn du nichts Gutes über andere zu sagen hast, dann sag bitte einfach nichts.»

Stoppzeichen vereinbaren

Sie können ihm auch anbieten, einen Code als Stoppzeichen zu vereinbaren, eine kurze Berührung am Arm etwa. Wenn er beim Erzählen wieder in Fahrt kommt, berühren Sie ihn, damit er merkt, es reicht.

Jeder Lebenspartner und jede Lebenspartnerin will gesehen werden und sich angenommen und verbunden fühlen. Fehlende Wertschätzung kann dazu führen, dass wir unbewusst unseren Wunsch nach Aufmerksamkeit kompensieren und uns Anerkennung im Außen holen. Schätzen Sie folglich den Wert Ihres Partners und achten Sie auf Positives: gemeinsame Zeit verbringen, Fähigkeiten loben, ein Lächeln schenken, teilen, was in einem vorgeht …

ERKENNTNISSE FÜR MICH

> Wer schlecht über andere redet, hat nichts Gutes über sich zu sagen.

KNIGGE ANWENDEN — MIT ELEGANZ

NOTIZEN
KAPITEL 4

5

ÄNGSTE ÜBERWINDEN

— MIT BRAVOUR

5.1 WAS KANN ICH GEGEN MEINE ZUKUNFTSÄNGSTE TUN?

❓ Seit der Coronakrise bin ich nicht mehr so gelassen wie zuvor. Ständig mache ich mir Sorgen um die Gesundheit der Familie, um meine berufliche Zukunft, über die Welt. Ich komme nicht mehr zur Ruhe und liege nachts viel wach. Wie finde ich wieder mehr Lebensfreude und Entspannung?

Es gibt Leute, die machen sich allgemein wenig Sorgen und gehen mit dem Gefühl durchs Leben: «Mir wird schon nichts passieren. Und sollte ich krank werden oder den Job verlieren, dann werde ich das schon schaukeln.» Andere hingegen sind ständig besorgt und überlegen, was alles passieren könnte, und kommen deshalb selbst nachts nicht zur Ruhe.

Sorgen sind negative Gedanken und Fantasien, die um mögliche Gefahren in der Zukunft kreisen. Wir machen uns Sorgen, wenn wir uns hilflos und ohnmächtig fühlen: Wir haben kein Vertrauen in uns selbst und unsere Fähigkeiten. Wir befürchten, falsche Entscheidungen zu treffen und dafür bestraft zu werden. Die Welt wird als gefährlicher Ort erlebt. Indem wir uns Sorgen machen, haben wir das Gefühl, Kontrolle auszuüben und nicht ganz so hilflos zu sein.

Grübeln führt jedoch zu keiner Lösung. Man tritt auf der Stelle und kommt nicht voran. Zudem versetzt das negative Kopfkino Körper und Geist in einen regelrechten Alarmzustand. Die Folgen sind Anspannung, schnelle Atmung, Herzrasen, Konzentrationsprobleme und Schlafstörungen. Dass Sorgen solche Auswirkungen auf unser Befinden haben, liegt daran, dass unser Gehirn nicht unterscheiden kann, ob wir uns etwas ausdenken oder es tatsächlich erleben. Deswegen führen Sorgen mitunter zu heftigen körperlichen Reaktionen, die uns und unser Immunsystem schwächen.

Sich Sorgen zu machen, ist grundsätzlich nichts Schlechtes. Wenn Sorgen in Vorsorge münden und uns zum Handeln bewegen, sind sie hilfreich und sinnvoll. Gänzlich sorglos zu sein und den Kopf in den Sand zu stecken, könnte uns auch mal den Kopf kosten. Nein, es geht darum, unseren Sorgengedanken Taten folgen zu lassen und das zu tun, was in unserer Macht steht, um keinen Schaden zu nehmen. Oder um es mit den Worten des Philosophen Reinhold Niebuhr zu sagen: Den Mut zu haben, bei den Dingen anzusetzen, die man ändern kann, und das zu akzeptieren, was nicht zu ändern ist.

Tipps, um sich weniger Sorgen zu machen, finden Sie im Folgenden.

KURZ UND KNAPP
— Sorgen sind negative Gedanken, die um mögliche Gefahren in der Zukunft kreisen.
— Grübeln führt zu keiner Lösung und schwächt unser Immunsystem.
— Man sollte ändern, was man verändern kann, und das nicht Veränderbare akzeptieren.

BUCHTIPPS
— Brooks, Felicity (2022): Sorgen und Ängste. So schaffe ich das! Usborne, London.
— Voigt, Daniel (2022): Ängste, Panik, Sorgen. Carl Auer Verlag, Heidelberg.
— Croos-Müller, Claudia (2017): Alles gut. Das kleine Überlebensbuch. Soforthilfe bei Belastung, Trauma & Co. Kösel Verlag, München.

LÖSUNGSSTRATEGIEN

Gedanken-Stopp-Methode
Kommen Sorgen auf, «Stopp» sagen. Sich gleichzeitig ablenken und etwas Positives und Konstruktives tun.

Notizen machen
Die Sorgen aufschreiben und sich Lösungsmöglichkeiten dazu notieren.

Sich Mut zusprechen
Sich sagen: Was auch immer kommt, ich werde damit fertig und finde eine Lösung.

Unsere Gedanken unter Kontrolle bringen
Wir haben über die äußere Welt und eintretende Ereignisse kaum Kontrolle. Was wir unter Kontrolle bringen können, sind unsere Gedanken.

Sich in Dankbarkeit üben
Es tut gut, sich auch mal zu überlegen, wofür man dankbar ist.

ERKENNTNISSE FÜR MICH

> Gott, gib mir die Gelassenheit, Dinge hinzunehmen, die ich nicht ändern kann, den Mut, Dinge zu ändern, die ich ändern kann, und die Weisheit, das eine vom anderen zu unterscheiden.
> **Reinhold Niebuhr**

ZUSATZMATERIAL
— Übung «Achtsamkeit»
— Übung «Dankbarkeit»
— Übung «Gedanken-Check»

5.2 WIE LASSE ICH EIN SCHWERES JAHR HINTER MIR?

Es liegt ein sehr schwieriges Jahr hinter mir. Ich würde dieses Jahr gerne ein für alle Mal abschließen, um ohne Altlasten ins neue Jahr starten zu können. Doch wie gelingt mir das?

An der Schwelle des Jahreswechsels wünschen sich viele Menschen, die Tür zum alten, sorgenvollen und schwierigen Jahr schließen zu können, um am Neujahrstag eine neue Tür zu einem leeren Raum zu öffnen, der genügend Platz für neue Pläne und Wünsche bereithält. Doch so leicht ist das nicht.

Januar, der erste Monat im Jahr, gehört dem römischen Gott der Türen und Tore, genannt Janus, der mit zwei Gesichtern dargestellt ist. Eines schaut nach vorne, das andere zurück. Beide Seiten sind untrennbar miteinander verbunden. Was dazwischen liegt, ist entscheidend.

Fakt ist, wir nehmen uns überallhin mit. All das, was dieses Jahr an Erfolgen, Misserfolgen, Höhepunkten und Tiefpunkten gewesen ist, hat uns geprägt. Insbesondere, wenn das Jahr schwierig war, ist es klug, es Revue passieren zu lassen, zu würdigen und unsere Lehren daraus zu ziehen, bevor wir uns Neuem widmen.

KURZ UND KNAPP
— Erst der Blick zurück bringt uns nach vorne.
— Verschaffen Sie sich einen Überblick über das vergangene Jahr, auch mit dem Blick auf das Gute.
— Wagen Sie danach einen Ausblick auf das kommende Jahr, formulieren Sie Ziele und planen Sie deren Umsetzung.

WEB
— Happiness.com (o. J.): 5 Tipps für einen liebevollen Jahresrückblick und einen optimistischen Start ins neue Jahr.
— Mai, Jochen (2023): Zielvereinbarung: Beispiele, Formulierungen, Gratis-Vorlagen.
— Senftleben, Ralf (2020): Ziele finden: Wie finde ich heraus, was ich wirklich will?

Happiness.com
www.happiness.com/magazin/inspiration-spiritualit%C3%A4t/jahresr%C3%BCckblick-guter-start-ins-neue-jahr/

Jochen Mai
https://karrierebibel.de/zielvereinbarung/

Ralf Senftleben
https://zeitzuleben.de/ziele-finden/

BUCHTIPPS

— Sher, Barbara (2011): Ich könnte alles tun, wenn ich nur wüsste, was ich will. Dtv Verlag, München.
— Grün, Anselm (2020): Was will ich? Mut zur Entscheidung. Vier Türme Verlag, Schwarzach am Main.
— Strelecky, John (2009): The Big Five for Life. Was wirklich zählt im Leben. Dtv Verlag, München.

LÖSUNGSSTRATEGIEN

Sich einen Überblick über das vergangene Jahr verschaffen

Nehmen Sie sich mindestens einen halben Tag Zeit. Blättern Sie durch Ihre Agenda, Ihr Tagebuch oder Fotoalben und verschaffen Sie sich einen Überblick über das ganze Jahr. Fragen Sie sich: Was war dieses Jahr schwierig? Was ist mir misslungen, welche Fehler und Fehlentscheidungen habe ich zu verbuchen? Was hat sich in den letzten Monaten geändert in Bezug auf Beziehungen, Gesundheit, Arbeit? Halten Sie alle Antworten fest, egal ob in Worten oder Bildern.

Das Gute sehen und anerkennen

Es ist dabei auch wichtig, den Blick auf das Gute zu richten; auf das, was Sie dieses Jahr Schönes erlebt, erschaffen oder getan haben. Wenn wir uns nur auf das konzentrieren, was nicht gut war, dann werden wir das vergangene Jahr wohl in wahrlich schlechter Erinnerung behalten. Es geht nicht darum, Ereignisse schönzureden, sondern darum, das eine vom anderen zu trennen. Das Jahr ist passé, das Gute daran ist, dass es vorbei ist. Die Frage ist nur, welche Bilder und Eindrücke wir mit ins neue Jahr nehmen und was wir daraus gelernt haben. Wir haben es selbst in der Hand.

Das Jahr würdigen

Legen Sie das Erarbeitete beiseite, machen Sie eine Pause und blicken Sie danach wertschätzend auf Ihre Antworten. Fragen Sie sich: Wofür bin ich dankbar? Was lerne ich aus meinen Fehlern? Welche Fähigkeiten habe ich entwickelt? Inwiefern profitiere ich, wenn ich mit einer bestimmten Sache abschließe? Erst indem wir uns intensiv mit unserem Jahr beschäftigen, wird uns bewusst, wie reichhaltig es doch war. Oft gewinnen wir dann Einsichten, die wir für das kommende Jahr nutzen können.

Sich austauschen

Vielleicht lohnt es sich auch, die Antworten und Gedanken mit einer guten Freundin zu besprechen, um noch mehr Hinweise zu bekommen.

Die Zukunft gestalten

Wagen Sie danach einen Ausblick auf das, was Sie sich für die kommende Zeit wünschen. Was soll anders werden? Welche Erfahrungen aus dem vergangenen Jahr wollen Sie nutzen und weiterentwickeln? Gestalten Sie hierzu eventuell ein Visionboard mit Bildern aus Magazinen. Dieses lässt sich prima aufhängen und dient als visueller Erinnerungsanker. Damit den Bildern Taten folgen, gilt es, mess- und machbare Ziele zu formulieren und die Umsetzung zu planen.

ERKENNTNISSE FÜR MICH

5.3 SOLL MEIN KIND SEINE KRITIK AN DER LEHRPERSON SELBST ÄUSSERN?

> **Meine 15-jährige Tochter fühlt sich von ihrer Lehrperson ungerecht behandelt. Die Lehrperson ignoriere ihre Handzeichen oder beurteile ihre mündlichen Beiträge kritischer als die der anderen Lernenden. Ich würde das gerne mit der Lehrperson klären, doch meine Tochter möchte lieber selbst mit ihr reden. Ist das ratsam?**

Die Zeiten haben sich auch in der Schule geändert. Das betrifft nicht nur die Anforderungen, die an die Kinder und Jugendlichen hinsichtlich des Lehrstoffs gestellt werden, sondern die Schülerinnen und Schüler werden heutzutage auch zu mehr Selbstbewusstsein und Selbstständigkeit angehalten.

Diese Haltung dürfen sie auch gegenüber den Lehrpersonen zeigen. Während Lehrpersonen früher in ihren Ansichten als unantastbar galten, dürfen heutzutage Lernende ihre Meinung durchaus äußern und ihre Lehrpersonen auf ein mögliches Fehlverhalten ansprechen.

Was jedoch gleich geblieben ist: Kinder und Jugendliche sollten ihren Lehrpersonen gegenüber mit Respekt begegnen. Respekt beruht auf gegenseitiger Achtung und Wertschätzung und hat weder mit Angst noch mit Gehorsam zu tun.

Im Folgenden finden Sie Tipps, wie Sie und Ihre Tochter da am besten vorgehen können.

KURZ UND KNAPP
— Lassen Sie Ihr Kind mit Respekt ansprechen, was nicht stimmig ist.
— Geben Sie als erziehungsberechtigte Person Rückendeckung und bereiten Sie das Gespräch gemeinsam vor.
— Erst bei Misserfolg schalten Sie sich – nach Rücksprache mit Ihrem Kind – ein.

BUCHTIPPS
— Wüest, Irène (2021): Was sagen Sie, wenn ...? So gelingen schwierige Gespräche. Hep Verlag, Bern.
— Rosenberg, Marshall B. (2023): Konflikte lösen durch gewaltfreie Kommunikation. Herder Verlag, Freiburg im Breisgau.
— Herrmann, Peter (2018): Konflikte bewältigen, Blockaden überwinden. Systemische Lösungen für die Schule. Beltz Verlag, Weinheim.
— Albrecht, Thomas W. (2023): Besser streiten. Wie du dich bei Konflikten ruhig und sachlich durchsetzt. Goldegg Verlag, Wien.

LÖSUNGSSTRATEGIEN

Rückendeckung geben
Wenn Ihr Kind das Gefühl hat, nicht geschätzt, ungerecht behandelt oder benotet worden zu sein, sollte es im Jugendalter das Selbstbewusstsein haben, die Lehrperson selbst darauf anzusprechen. Es liegt also nicht an Ihnen, die Initiative zu ergreifen. Zumal das Ihr Kind vielleicht auch nicht wünscht. Wichtiger ist, dass Sie Ihrem Kind Rückendeckung geben und es ermutigen, das Gespräch mit der Lehrperson selbst zu führen.

In der Gesprächsvorbereitung unterstützen
Unterstützen Sie ihr Kind in der Gesprächsvorbereitung. Knüpfen Sie an das an, was Ihr Kind Ihnen erzählt hat. Klären Sie zusammen die Frage «Wer hat wann, wo, wie, was nachweislich getan?». So helfen Sie Ihrem Kind dabei, Fakten, Vermutungen und Gefühle voneinander zu trennen und Klarheit zu schaffen. Anschließend können Sie sich gemeinsam eine sachliche Argumentation und eine adäquate Vorgehensweise überlegen.

Auch wenn Jugendliche großen Wert auf ihre Selbstständigkeit legen, so brauchen sie Unterstützung und Vertrauen in ihre eigenen Fähigkeiten – ganz nach dem Motto: «Du schaffst das!» Geben Sie Ihrem Kind auch Gewissheit: «Du bist nicht allein, ich stehe hinter dir.» Das stärkt es und bekräftigt es, das Gespräch in Tat und Wahrheit auch zu führen.

Das weitere Vorgehen zusammen entscheiden
Erst wenn Ihr Kind in der Angelegenheit allein nicht weiterkommt, sind Sie eingeladen, das persönliche Gespräch mit der Lehrperson zu suchen. Informieren Sie Ihr Kind aber unbedingt über diesen Schritt. Für Jugendliche ist es besonders wichtig, respektiert und ernst genommen zu werden. Wenn Sie aus dem Gespräch ein Geheimnis machen, ist das für Ihr Kind ein großer Vertrauensbruch und es fühlt sich nicht unterstützt, sondern bevormundet. Das gilt es zu vermeiden.

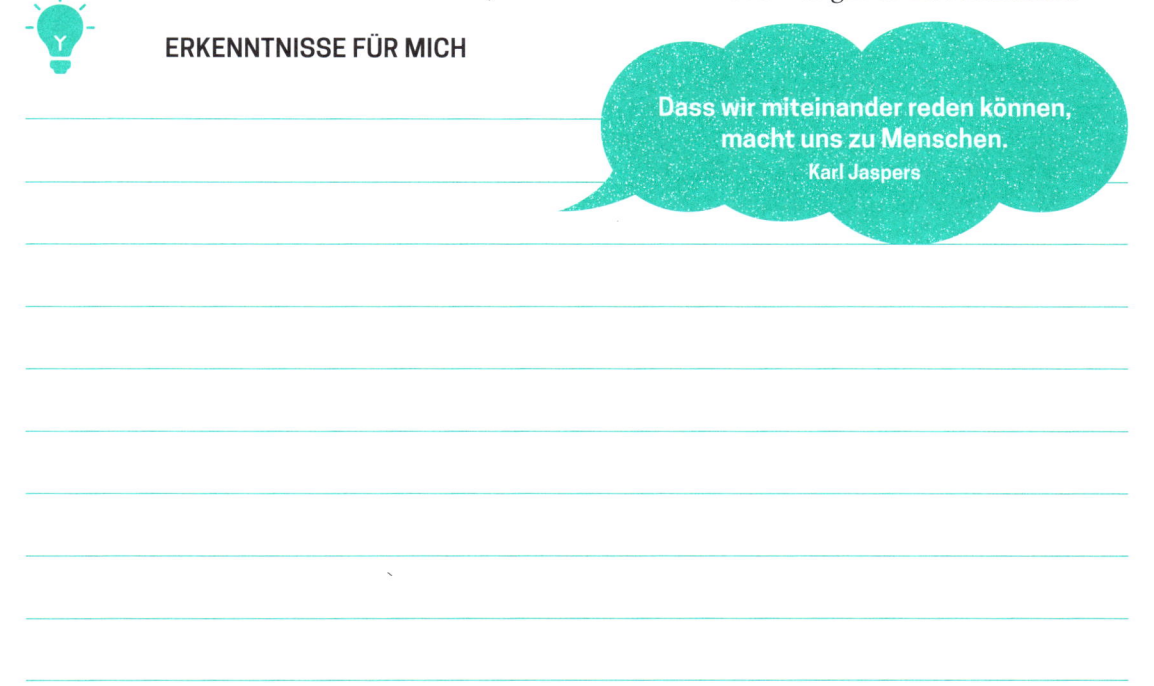

ERKENNTNISSE FÜR MICH

> Dass wir miteinander reden können, macht uns zu Menschen.
> Karl Jaspers

5.4 WIE KANN ICH DAS SORGEN-KARUSSELL IM KOPF STOPPEN?

Als ich meiner Freundin kürzlich erzählte, dass mein Sohn (18) bald als Au-pair in der Romandie arbeitet, fragte sie mich, ob mir das keine Sorgen bereiten würde, da mein Sohn doch noch so jung sei. Seither mache ich mir tatsächlich Sorgen, die mich sogar nachts nicht mehr schlafen lassen. Wie komme ich davon los?

Guten Morgen, liebe Sorgen, seid ihr auch schon alle da? Sorgen sind eine subjektiv erwartete Not, die gedanklich vorweggenommen wird. Wir erwarten etwas Schlimmes, das noch gar nicht da ist. Tun wir dies, läuten alle Alarmglocken. Die Muskeln ziehen sich zusammen, das Herz schlägt schneller, wir atmen flacher, wir schlafen schlechter, essen nichts mehr oder zu viel. Das Problem ist, dass unser Gehirn gar nicht unterscheiden kann, ob wir uns nur etwas Schlimmes ausmalen oder ob wir es tatsächlich erleben. Doch wieso quälen wir uns so oft mit unseren Sorgen?

Weil wir gerne alles kontrollieren und Sicherheit wollen. Doch es lässt sich nicht alles kontrollieren. Es gibt keine hundertprozentige Sicherheit. Wahre Sicherheit kommt nur aus uns selbst heraus. Oft steckt hinter dem Wunsch nach Sicherheit auch der Gedanke: Wenn ich mir keine Sorgen mache, kann ich auf schlimme Situationen gar nicht vorbereitet sein. Doch Vorsorgen hat nichts mit Sich-Sorgen-Machen zu tun. Wer sich Sorgen macht, der grämt sich und lebt belasteter als jemand, der sich sagt: «Ich bin gesund und erfreue mich mit meiner Familie des Lebens.» Der Kopf ist rund, damit das Denken die Richtung ändern kann! Ersparen Sie sich Sorgen.

Die folgenden Tipps helfen gegen Sorgen.

KURZ UND KNAPP
— Sorgen sind eine subjektiv erwartete Not, die wir gedanklich vorwegnehmen.
— Unser Gehirn kann gar nicht unterscheiden, ob wir uns etwas Schlimmes ausmalen oder es tatsächlich erleben.
— Gegen Sorgen helfen Vertrauen, Bewegung und Dankbarkeit.

WEB
— Inntal Institut (o. J.): Infos und Workshops zu positiver Psychologie, systemischem Coaching und NLP.

Inntal Institut
www.inntal-institut.de

BUCHTIPPS

— Carnegie, Dale (2011): Sorge dich nicht, lebe! Fischer Verlag, Frankfurt.
— Ware, Bronnie (2015): 5 Dinge, die Sterbende am meisten bereuen. Goldmann Verlag, München.
— Croos-Müller, Claudia (2012): Nur Mut! Das kleine Überlebensbuch. Soforthilfe bei Herzklopfen, Angst, Panik & Co. Kösel Verlag, München.
— Reichhart, Tatjana (2019): Das Prinzip Selbstfürsorge. Wie wir Verantwortung für uns übernehmen und gelassen und frei leben. Roadmap für den Alltag. Kösel Verlag.

LÖSUNGSSTRATEGIEN

Machen Sie sich nur heute keine Sorgen

Nehmen Sie sich vor, sich heute keine Sorgen zu machen, zu lächeln, sich am Leben zu erfreuen, sich Gutes zu tun. Suchen Sie sich einen Stein und schreiben Sie ein großes «Heute» darauf. Legen Sie den Stein dorthin, wo Sie sich am meisten aufhalten. Dieser visuelle Anker entlastet Sie. Denn nur für heute müssen Sie sich nicht sorgen. Oder machen Sie es wie Abraham Lincoln: Halten Sie sich jeden Tag 30 Minuten für Ihre Sorgen frei und machen Sie in dieser Zeit ein Nickerchen.

Vertrauen Sie Ihrer Lebensführung

Vertrauen Sie in Ihre eigene Lebensführung und in diejenige Ihres Sohnes. Schauen Sie zurück. Welche Katastrophen oder Dinge, von denen Sie beide geglaubt haben, dass sie passieren würden, sind wirklich eingetreten? Einige ja, bei denen konnten Sie aktiv handeln. Andere sind wahrscheinlich gar nicht wahr geworden. Vertrauen Sie in die eigenen Fähigkeiten und darauf, dass sich die Dinge für Sie beide bestmöglich lösen lassen. Das tröstet und besagt auch, dass wir nicht über alles die Kontrolle haben können.

Bewegen Sie sich, das befreit

Bewegung ist auch ein sehr gutes Mittel, um Sorgen zu vertreiben. Früher sind wir vor dem Säbelzahntiger davongelaufen, heute sind es andere Dinge. Tanzen Sie, joggen Sie, fahren Sie Rad. Das befreit.

Seien Sie dankbar

Dankbarkeit lenkt unseren Blick auf das Gute im Leben. Sagen Sie sich: Ich bin gesund, ich habe eine gesunde Familie, ich kann Einfluss nehmen, ich kann etwas tun, ich habe einen gesunden Menschenverstand. Unser Kopf kann nur einen Gedanken auf einmal denken. Sie entscheiden, welchen.

ERKENNTNISSE FÜR MICH

> **Halten Sie sich jeden Tag 30 Minuten für Ihre Sorgen frei und machen Sie in dieser Zeit ein Nickerchen.**
> Abraham Lincoln

ZUSATZMATERIAL

— Übung «Achtsamkeit»
— Übung «Dankbarkeit»
— Übung «Gedanken-Check»

5.5 WIE LERNE ICH, UNGEHEMMT VOR VIELEN LEUTEN ZU REDEN?

❓ Ich werde demnächst in den Vorstand eines Vereins gewählt, worüber ich mich sehr freue. An der Mitgliederversammlung muss ich mich kurz selbst vorstellen, was mir nicht leicht fällt. Ich fühle mich unwohl bei solchen Auftritten. Können Sie mir einen Rat geben, wie ich meine Hemmungen überwinden kann?

Eine Selbstpräsentation ist eine kurze Vorstellung Ihrer Person, damit die Vereinsmitglieder einen ersten Eindruck von Ihnen gewinnen können. Eine Selbstvorstellung dauert in der Regel drei bis fünf Minuten und besteht aus drei Bausteinen: Ich bin, ich kann, ich will.

Sagen Sie zuerst, wer Sie sind. Nennen Sie Ihren Namen und etwas Privates wie zum Beispiel Ihren Familienstand und ein Hobby. Erzählen Sie dann, welchen Beruf Sie erlernt haben und was Sie aktuell tun. Nennen Sie dabei Ihre Kompetenzen und Erfolge. Filtern Sie die wichtigsten Stationen heraus, die zu Ihrer Vorstandsarbeit passen, etwa «Ich bin eine Teamplayerin und arbeite schon länger im Jobsharing in der Finanzbuchhaltung eines KMU».

Zuletzt lassen Sie die Zuhörenden wissen, was Sie wollen. Geben Sie Antworten auf die Fragen, warum Sie sich zur Verfügung stellen, was Sie mit dem Verein verbindet, was Ihnen an der Vereinsarbeit gefällt und welchen Mehrwert Sie den Mitgliedern bieten können. Runden Sie Ihre Vorstellung mit einem Dank für das Vertrauen und einem «Ich freue mich auf die neue Herausforderung und die Begegnungen mit euch» ab.

Um sich in Kürze gewinnend vorzustellen, müssen Sie sich sorgfältig vorbereiten. Haben Sie den Mut zur Lücke ganz nach dem Motto: «Weniger ist mehr». Wichtiger ist, dass Sie Akzente setzen, die zu Ihrer Vorstandsarbeit passen, und dass ein roter Faden ersichtlich ist.

Im Folgenden finden Sie Tipps und fünf Schritte gegen Hemmungen, die Ihnen helfen, Ihren Auftritt erfolgreich zu meistern.

KURZ UND KNAPP
— Eine Selbstvorstellung dauert drei bis fünf Minuten und beinhaltet Antworten auf die Fragen wer ich bin, was ich kann und was ich will.
— Gute Vorbereitung und das Beachten der Körpersprache ist unerlässlich für einen erfolgreichen Auftritt.
— Die Bravo-Formel hilft gegen Auftrittshemmungen.

WEB

— Willikonsky, Ariane (2020): Lampenfieber im Griff mit der BRAVO-Formel.
— Ritterstaedt, Jan (2023): Hilfs-App gegen Lampenfieber und Auftrittsangst: «Stage:Cool».

Ariane Willikonsky
www.fon-institut.de/lampenfieber-im-griff-mit-der-bravo-formel/

Ritterstaedt, Jan
www.swr.de/swr2/musik-klassik/konzerteindruecke-und-auftrittsangst-die-app-stagecool-100.html

BUCHTIPP

— Lynen, Patrick (2018): Auftrittsangst besiegen: Mit mehr Selbstbewusstsein vor Menschen sprechen. Hörbuch. Lynen Media GmbH, Frankfurt.

LÖSUNGSSTRATEGIEN

Lernen Sie Ihr Statement nicht auswendig, sondern notieren Sie sich Stichworte auf einer Karte. Üben Sie Ihre Selbstpräsentation vor dem Spiegel oder mit Ihrem Partner oder Ihrer Partnerin. Achten Sie dabei auf Ihre Körpersprache: Nehmen Sie Blickkontakt zum Publikum auf, lächeln Sie und zeigen Sie sich überzeugt von dem, was Sie sagen.

Gut vorbereitet kann Ihnen die Bravo-Formel von Ariane Willikonsky kurz vor Ihrem Auftritt zu physischem und psychischem Wohlbefinden verhelfen.

«Bravo» steht für …
— **B = Bewegung:** Gehen Sie vor der Versammlung ein paar Schritte oder die Treppe rauf und runter. Damit bauen Sie überschüssige Stressenergie ab.
— **R = Ruhe:** Stellen Sie sich kurz vor Ihrem Auftritt mit beiden Füssen auf den Boden und atmen Sie tief in den Bauch ein und wieder aus. Das verlangsamt Ihren Puls.
— **A = Affirmation:** Machen Sie sich klar, dass Sie gut vorbereitet sind und wissen, was Sie wollen. Sagen Sie sich innerlich immer wieder: «Ich kann das. Ich schaffe das.» Damit lenken Sie Ihre Aufmerksamkeit in eine positive Richtung.
— **V = Visualisierung:** Stellen Sie sich vor Ihrem inneren Auge vor, wie Ihnen die Selbstvorstellung erfolgreich gelingt.
— **O = Offensive:** Gehen Sie selbstbewusst in die Offensive und legen Sie los!

ERKENNTNISSE FÜR MICH

> Die Zuhörer bemerken Pannen oft erst dadurch, dass der Redner sie darauf hinweist.

ZUSATZMATERIAL
— Übung «Powerpose»

5.6 WIE STÄRKE ICH DAS SELBSTBEWUSSTSEIN MEINES ENKELKINDS?

Da meine Tochter seit kurzem zwei Tage in der Woche arbeitet, habe ich mich bereit erklärt, mein Enkelkind während dieser Zeit zu hüten. Nun möchte ich auch einen Beitrag dazu leisten, dass aus meinem Enkel einmal eine selbstbewusste erwachsene Person wird. Wie kann ich das fördern?

Die wohl wirkungsvollste Kraft in der pädagogischen und psychologischen Arbeit ist die der Ermutigung.

Ermutigung heißt, einen Menschen zu überzeugen, etwas zu tun, was er mit seinen eigenen Fähigkeiten bewerkstelligen kann, ohne dass das Resultat perfekt sein muss. Erkennen wir unsere eigenen Stärken und Fähigkeiten, wagen wir es, sie einzusetzen. Das Vertrauen in das eigene Tun wächst und gibt uns Antrieb, uns Herausforderungen zu stellen und uns dafür anzustrengen.

Ein Kind braucht Ermutigung wie eine Pflanze das Wasser. Wird ein Kind ermutigt, fühlt es sich ernst genommen und geliebt. Das stärkt seine inneren Antriebskräfte und macht es weniger abhängig. Für die Kunst der Ermutigung gibt es drei Hilfestellungen: unsere innere Haltung, unsere Körpersprache und unsere Worte.

KURZ UND KNAPP
— Ein Kind braucht Ermutigung wie eine Pflanze das Wasser.
— Es gibt drei Hilfestellungen für Ermutigung: unsere innere Haltung, unsere Körpersprache und unsere Worte.
— Bringen Sie Ihre Freude zum Ausdruck über das Tun Ihres Enkels, und machen Sie keine Vergleiche mit anderen Kindern.

BUCHTIPPS
— Schoenaker, Theo (2017): Mut tut gut. Für eine bessere Lebensqualität. RDI Verlag, Speyer.
— Schoenaker, Theo / Schoenaker, Julitta / Platt, John M. (2007): Die Kunst, als Familie zu leben. Herder Verlag, Freiburg im Breisgau.
— Döpfner, Ulrike (2019): Der Zauber guter Gespräche. Kommunikation mit Kindern, die Nähe schafft. Beltz Verlag, Weinheim.
— Ertl, Birgit (2022): Beziehung statt Erziehung. Wie Kinder und Eltern aneinander wachsen. Neue Erde, Saarbrücken.
— Miller, Reinhold (2013): Frei von Erziehung, reich an Beziehung. Plädoyer für ein neues Miteinander. Centaurus Verlag, Freiburg.

WEB

— Rosenauer, Vera (2022): Kinder ermutigen statt loben – so stärkst du dein Kind wirklich.

Vera Rosenauer
www.abenteuer-erziehung.at/kinder-ermutigen-statt-loben-so-staerkst-du-dein-kind-wirklich/

> Man kann in Kinder nichts einprügeln, aber man kann vieles aus ihnen herausstreicheln.
> Astrid Lindgren

LÖSUNGSSTRATEGIEN

Ermutigen durch die innere Haltung
Unsere Haltung ist von unserer Perspektive abhängig. Wer eine kritische Haltung einnimmt, ist innerlich vorwiegend auf eine Fehlersuche ausgerichtet. Richten Sie deshalb Ihr Wahrnehmen vordergründig auf alles Positive. Mit einem wohlwollenden Blick sehen wir das Anerkennenswerte im Tun und auch im Sein eines Menschen. Der Grundstein für eine ermutigende Haltung ist somit gelegt.

Ermutigen durch Zeichen
Mit einer positiven, anerkennenden Haltung senden wir automatisch wertschätzende Signale aus. So etwa mit einem freundlichen Blick oder einem freundlichen Klang unserer Stimme – wir üben uns in Geduld, nehmen uns Zeit für das Kind, schenken ihm ungeteilte Aufmerksamkeit, hören ihm aufmerksam zu, nehmen es liebevoll in den Arm. Dieses Wohlwollen ist für das Kind wahrnehmbar. Unser Verhalten vermittelt auch ohne Worte Vertrauen, Respekt und den Glauben an seine Fähigkeiten.

Ermutigen durch Worte
Worte können sowohl entmutigen als auch ermutigen. «Das hast du toll gemacht» ist eine positive Beurteilung. Grundsätzlich loben wir Dinge, die wir nach unserem Wertesystem gut finden. Wir geben vor, was gut und was schlecht ist und verleiten das Kind dazu, sich beim eigenen Handeln in erster Linie an unserer Reaktion auszurichten. Das fördert weder die eigene Motivation noch das Selbstbewusstsein. Wichtig ist es vor allem, nicht jeden Pieps des Enkelkindes mit «super» zu quittieren. Sonst setzen wir falsche Akzente. Lob in Dosen ist gut, Ermutigung ist besser. Was so viel heisst wie: Wir werten nicht, sondern geben unserer Freude Ausdruck.

Unserer Freude Ausdruck geben
Wir können dem Kind zum Beispiel unsere Freude darüber mitteilen, dass es eine Aufgabe selbstständig gelöst hat. So fühlt es sich von uns wahrgenommen. Wertschätzung findet so auf Beziehungsebene statt. Beim Ermutigen geht es auch darum, dass ein Kind aktiv ist – unsere Erwartungen und Vergleiche mit anderen Kindern sind irrelevant. Vergleiche mit anderen machen es klein. Geben Sie auch Rückmeldungen, die das Bemühen des Kindes einbeziehen und nicht nur auf das Resultat fokussieren. Worte der Ermutigung sagen dem Kind: «Du bist wichtig. Du bist gut.» Sie sind Balsam für die Seele und verhelfen zu Selbstständigkeit.

ERKENNTNISSE FÜR MICH

ZUSATZMATERIAL
— Übung «Lob versus Anerkennung»

5.7 ICH FÜHLE MICH UNAUSGEGLICHEN. WAS KANN ICH TUN?

Aktuell fühle ich mich sehr unausgeglichen. Die negativen Nachrichten über Krieg, Fake News, Krankheiten und mehr lassen meine Gefühle Achterbahn fahren. Einerseits spüre ich Angst, andererseits Erleichterung, gesund und familiär eingebettet zu sein und einen Job zu haben. Wie bekomme ich mein Gefühlschaos wieder in den Griff?

Himmelhoch jauchzend und zu Tode betrübt. Negative Nachrichten lassen unsere Gefühle Achterbahn fahren. Ein Gefühlschaos entsteht, weil wir keinen klaren Gedanken fassen können und sich verschiedene Ängste vermischen. Einerseits sind wir traurig über das, was geschieht, wütend über Entscheidungsträger, die nichts unternehmen, und hilflos, weil wir aus eigener Kraft nichts bewirken können. Andererseits sind wir dankbar für die Möglichkeiten, die wir haben, und glücklich darüber, nicht selbst vom Unglück betroffen zu sein. Dieses Gefühlschaos ist eine normale psychische Reaktion auf Unsicherheiten und Unklarheiten, kann aber stark belasten und uns letztlich daran hindern, das Leben in vollen Zügen zu genießen.

Im Folgenden finden Sie Strategien, die uns helfen können, unsere Emotionen zu ordnen und wieder einen klaren Kopf zu bekommen.

KURZ UND KNAPP
— Gefühlschaos ist eine normale psychische Reaktion auf Unsicherheiten.
— Wir «haben» ein Gefühl, wir «sind» kein Gefühl. Gefühle kommen und gehen.
— Lassen Sie Ihre Gefühle zu, nehmen Sie sie wahr, visualisieren Sie sie und sprechen Sie darüber.

BUCHTIPPS
— Kabat-Zinn, Jon (2020): Achtsamkeit für Anfänger. Arbor Verlag, Freiburg.
— Rossa, Robert / Rossa, Julia (2018): SOS-Gefühlschaos. 100 Übungen mit starken Gefühlen. Kartenset. Beltz Verlag, Weinheim
— Croos-Müller, Claudia (2017): Alles gut. Das kleine Überlebensbuch. Soforthilfe bei Belastung, Trauma & Co. Kösel Verlag, München.
— Klaschinski, Lukas (2024): Fühl dich ganz: Was wir gewinnen, wenn wir unsere Emotionen verstehen und zulassen. Knaur Balance Verlag, München.

WEB
— SRF Sternstunde Philosophie (2016): Ist Achtsamkeit die neue Glücksformel?

SRF
www.youtube.com/
watch?v=
yNi5m14QMFU

> Verfangen wir uns in unseren Emotionen, erkennen wir die Auswirkungen unserer Handlungen nicht mehr.
> Dalai Lama

LÖSUNGSSTRATEGIEN

Nehmen Sie Ihre Gefühle wahr und geben Sie ihnen Raum
Suchen Sie sich einen ruhigen Ort. In der Stille gelingt es uns besser, Verbindung zu unserer Innenwelt aufzunehmen und Zugang zu unseren Gefühlen zu bekommen.

Das Wissen darum, dass wir ein Gefühl «haben» und nicht ein Gefühl «sind», kann uns helfen. Gefühle kommen und gehen. Es ist wichtig, ihnen Raum zu geben, um sie wahrzunehmen. Und in dem Moment, in dem wir die Aufmerksamkeit auf sie richten, beginnen sie sich zu verändern.

Lassen Sie negative Gefühle zu
Auch negative Gefühle sind ein Teil von uns und wollen «gehört» werden. Je mehr wir sie verdrängen, desto stärker werden sie. Lassen wir sie zu, akzeptieren wir ihr Dasein und geben ihnen einen Namen. «Name it to tame it» – benenne es, um es zu zähmen! Zum Beispiel: «Ich spüre Trauer, weil sich alles so anders anfühlt.» Oder: «Es macht mir Angst, weil ich nicht weiß, wie lange es noch andauert und was noch alles kommen wird.» Die Verbalisierung macht aus einem diffusen unangenehmen Erleben ein fassbares Gefühl. Dadurch wird die starke Aktivität im Mittelhirn, unserer emotionalen Alarmzentrale, der Amygdala, gedämpft und gleichzeitig unser Denkhirn, der präfrontale Cortex, wieder aktiviert. Dadurch verändert sich unser psychisches Erleben. Wir werden ruhiger und können wieder klarer denken.

Visualisieren Sie Ihre Gefühle
Gefühle visualisieren – sei es in Gedanken oder mit Farben auf Papier. Geben Sie dem Gefühl Wut ein Gesicht und entschärfen Sie die Gestalt mit einem lustigen Detail, wie etwa einen tobenden Bären mit einem lustigen Hut.

Bewegen Sie sich
Bewegung tut gut! Also kommen Sie in Bewegung, etwa durch Tanzen und Sport.

Reden Sie über Ihre Gefühle
Erklären Sie sich selbst oder einer anderen Person die Situation. Benutzen Sie viele Adjektive. Mit dem Reden über sich und Ihre Gefühle wechseln Sie die Perspektive, was zu Klarheit führen kann.

Ziel dieser Strategien soll es sein, freundlich und achtsam mit unseren Emotionen umzugehen, indem wir sie erkennen, reflektieren und so kultivieren, dass sie uns nutzen und nicht schaden.

ERKENNTNISSE FÜR MICH

ZUSATZMATERIAL
— Übung «Bodyscan»

5.8 MIT WELCHER KÖRPERHALTUNG FÜHLE ICH MICH MÄCHTIGER?

Ich habe bald eine wichtige Kundenpräsentation. Schon der Gedanke daran macht mich nervös. Wie ich weiß, hat die Körperhaltung einen Einfluss auf unsere Stimmung. Was sollte ich hinsichtlich der Körperhaltung beachten, damit mir die Kundenpräsentation gut gelingt?

Wir alle kennen das: Wir stehen kurz vor einem wichtigen Termin, einem Auftritt, einer Verhandlung, einem Vorstellungsgespräch oder einer Prüfung. Wir wollen kompetent wirken und etwas bewirken. Doch unser Herz pocht, die Beine zittern, die Schultern hängen, der Blick ist gesenkt.

Fest steht, in dieser Haltung wirken wir nicht nur unsicher auf die Umgebung, sie bewirkt auch, dass wir uns selbst noch unsicherer fühlen. Dass wir «es gut machen» möchten, erzeugt inneren Druck, der wiederum unsere Durchsetzungsfähigkeit senkt. Wir stecken in der Falle, denn die sogenannte Verlierer- oder Unterwürfigkeitshaltung schwächt uns.

KURZ UND KNAPP
— Unsichere Haltung bewirkt Unsicherheit.
— Machtposen erhöhen den Testosteron- und senken den Stresshormonspiegel. Unser Selbstbewusstsein steigt.
— Bestimmte Posen helfen. Zum Beispiel: Brust raus, Kinn nach oben. Oder: Arme hoch, Körper anspannen. Oder: Sich auf einem Stuhl zurücklehnen.

WEB
— Cuddy, Amy (2012): TED-Talk: Ihre Körpersprache beeinflusst, wer Sie sind.
— Cuddy, Amy (2011): Power Poses. Youtube-Video.
— Ottonova (o. J.): Power Posing Übungen: Erfolg durch Körpersprache.

Amy Cuddy, 2012
www.ted.com/talks/amy_cuddy_your_body_language_may_shape_who_you_are?language=de

Amy Cuddy, 2012
www.youtube.com/watch?v=phcDQ0H_LnY

Ottonova
www.ottonova.de/gesund-leben/mentales-training/power-posing-koerperhaltung

BUCHTIPP
— Bruno, Tiziana / Adamczyk, Gregor (2018): Körpersprache. Taschen Guide. Haufe Verlag, Berlin.

LÖSUNGSSTRATEGIEN

Machtpose einnehmen

Zwei Minuten reichen, um ungestört eine Machtpose einzunehmen, die ein Gefühl vermittelt, als hätte man gerade ein Rennen gewonnen oder die Zusage für einen Traumjob erhalten. Laut der Sozialpsychologin Amy Cuddy von der Harvard Business School kann eine Machtpose, die zwei Minuten lang gehalten wird, unseren Testosteronspiegel erhöhen und gleichzeitig unseren Stresshormonspiegel (Cortisol) senken.

Unser Körpergefühl verändert sich positiv. Unsere Lebenslust, unser Selbstbewusstsein und unser Dominanzverhalten steigen und wir nehmen uns selbst positiv wahr. Brauchen Sie also spontan einen Selbstbewusstseinskick, dann suchen Sie am besten einen Raum auf, in dem Sie ungestört für zwei Minuten Ihre Powerpose einnehmen können.

Drei Übungen mit Wirkung

1. Wonder-Man beziehungsweise Wonder-Woman: Beine schulterbreit auseinanderstellen, die Arme in die Hüften stemmen, Brust raus und das Kinn nach vorne und leicht nach oben recken. Tief einatmen und sich vorstellen, Bäume ausreißen zu können.
2. Marathon-Sieger beziehungsweise -Siegerin: Arme nach oben werfen, Brustkorb raus und Blick nach oben. Körper anspannen, so als hätten Sie gerade die Ziellinie überschritten. Gerne jubeln!
3. Auf dem Chefsessel: auf einem Stuhl zurücklehnen, Arme hinter dem Kopf verschränken. Füße auf die Tischkante legen. Ist kein Tisch in Reichweite, stellen Sie ein Bein auf dem Boden ab und legen das andere mit dem Knöchel darauf.

Halten Sie jede Pose für zwei Minuten. Spüren Sie, wie sich Ihr Körpergefühl zum Positiven verändert. Eine positive Rückkoppelung entsteht: Die Körperhaltung wirkt auf das Körpergefühl! Durch die kraftvolle Haltung verändert sich die Chemie unserer Hormone, was unsere Stimmung positiv beeinflusst. Das geht auch umgekehrt: Mit einer guten Stimmung wirken wir auf unsere Körperhaltung ein. Nutzen Sie diese Erkenntnis für Ihren Erfolg!

Wenn Sie diese Machtposen regelmäßig einnehmen, kann es Ihr Leben zum Guten verändern.

ERKENNTNISSE FÜR MICH

> Dein Körper hört alles, was dein Kopf sagt.
> Michelle Löwenherz

ZUSATZMATERIAL
— Übung «Powerpose»

ÄNGSTE ÜBERWINDEN — MIT BRAVOUR

NOTIZEN KAPITEL 5

6

NETT SEIN

— MIT ZURÜCKHALTUNG

6.1 WARUM NERVE ICH ANDERE, WENN ICH NETT ZU IHNEN BIN?

Ich meine es oft gut mit anderen, stoße damit aber eher auf Ablehnung, als Dank zu erhalten. Etwa wenn ich für meine Tochter das Auto aus der Garage fahre oder für meinen Sohn ein Fußballtrikot bestelle. Was mache ich falsch, wenn ich doch nur das Beste für meine mir lieben Menschen will?

Sie scheinen ein großes Herz zu haben, möchten Freude bereiten und geliebten Menschen einen Gefallen tun. Mit herzensguter Absicht helfen Sie anderen. Im Feedback erkennen Sie jedoch, dass Sie hin und wieder nicht die Wirkung erzielen, die Sie beabsichtigt haben. Statt Dank erhalten Sie ein «Ich will das nicht». Sie fühlen sich unverstanden, infrage gestellt und vielleicht sogar angegriffen. Das tut weh, haben Sie doch so gehandelt, wie es sich für Sie richtig angefühlt hat.

Solange unsere gute Absicht auf die andere Person auch entsprechend wirkt, ist alles in Ordnung. Ist dem nicht so, löst es auf beiden Seiten eine Irritation aus. Der natürliche Impuls ist dann, der anderen Person die eigene gute Absicht zu erläutern, nach dem Motto: «Ich habe es ja nur gut gemeint.» Aber ist gut gemeint auch immer gut getan? Nein!

Anstatt nach einer negativen Rückmeldung zu schmollen, ist es wichtig zu verstehen, wodurch der Widerstand ausgelöst wird. Im Folgenden finden Sie Überlegungen und Hinweise, die dabei helfen können.

KURZ UND KNAPP
— Gut gemeint, ist nicht gleichzeitig gut getan.
— Sie können nicht wissen, was für andere gut und richtig ist, wenn Sie nicht fragen. Für andere zu entscheiden, ist übergriffig.
— Respektieren Sie die Wünsche und Bedürfnisse der anderen. Und hinterfragen Sie Ihre eigenen Motive.

WEB
— Cerruti, Franca (2021): Psychologie to go – Gut gemeint ist nicht gut gemacht.
— Beziehungskosmos. Podcast.

Franca Cerruti
https://psychologie-to-go.podigee.io/s2e17-gut-gemeint-ist-nicht-gut-gemacht

Beziehungskosmos
www.beziehungskosmos.com

BUCHTIPPS

— Hühn, Susanne (2021): Ich lasse Deines bei dir. Schluss mit toxischen Beziehungen und Co-Abhängigkeit. Schirner Verlag, Darmstadt.
— Perry, Philippa (2022): Das Buch, von dem du dir wünscht, deine Eltern hätten es gelesen. Ullstein Verlag, Berlin.
— Jacob, Gitta (2020): Raus aus dem Schema F. Beltz Verlag, Weinheim.

LÖSUNGSSTRATEGIEN

Nehmen Sie Rückmeldungen ernst

Der Mensch möchte wahrgenommen werden. Wenn Sie die Rückmeldungen Ihrer Familienmitglieder nicht ernst nehmen und erneut ohne ihr «Okay» Hand anlegen und helfen, ignorieren Sie deren Wünsche. Sie meinen zu wissen, was gut und richtig für andere ist und entscheiden für sie. Dies ist grundsätzlich übergriffig, eine Anmaßung. Sie schränken damit den Handlungs- und Entscheidungsspielraum Ihrer Mitmenschen ein. Wichtig wäre, anderen Achtung entgegenzubringen und ihre Äußerungen und Lebenswege zu respektieren. Gut gemeint ist nicht gut getan, wenn wir die andere Person nicht sehen. Und was gut für uns ist, muss nicht gut für jemand anderen sein.

Fragen Sie zuerst, statt einfach zu machen

Holen Sie Ihre Familie dort ab, wo sie steht, statt einfach zu machen. Machen Sie sich die Mühe und fragen Sie zuerst, ob Ihre Hilfe erwünscht ist. Hören Sie achtsam hin. Zwingen Sie ihr Ihren Willen nicht auf, sondern lassen Sie Ihre Mitmenschen selbst entscheiden.

Nutzen Sie den Spiegel als Chance

Erzielt unsere gute Absicht nicht die gewünschte Wirkung, werden wir aufgerufen, unser Handeln zu überdenken. Die meisten unserer «Fehler» werden uns nicht bewusst, solange uns niemand darauf aufmerksam macht beziehungsweise uns den Spiegel vorhält. Betrachten Sie die negativen Rückmeldungen als Chance für Ihre persönliche Weiterentwicklung. Finden Sie heraus, warum Sie anderen etwas Gutes tun wollen. Was sind Ihre Motive? Geht es um Anerkennung, Zuwendung, Zugehörigkeit? Das erhalten Sie unter anderem, wenn Sie sich wahrlich für geliebte Menschen interessieren und ihre Wünsche und Bedürfnisse respektieren.

ERKENNTNISSE FÜR MICH

> Das Gegenteil von gut ist nicht böse, sondern gut gemeint.
> **Kurt Tucholsky**

NETT SEIN — MIT ZURÜCKHALTUNG

6.2 WIE TRÖSTE ICH EINE KOLLEGIN BEI EINEM TODESFALL?

Vor einigen Tagen begann meine Arbeitskollegin zu weinen, als ich sie nach ihrem Wochenende fragte. Ihre betagte Schwiegermutter war gestorben. Ich wusste gar nicht, wie ich reagieren sollte. Was wäre angemessen gewesen?

Der Verlust eines nahestehenden Menschen ist schmerzhaft und mit verschiedensten Gefühlen verbunden. Ihre Arbeitskollegin scheint zutiefst betroffen vom Tod ihrer Schwiegermutter zu sein und voller Traurigkeit, die sie, gefragt nach ihrem Befinden, weinen lässt.

Dass Sie sich im Umgang damit unsicher fühlen, ist verständlich. Was soll man sagen? Etwas Tröstliches oder Ablenkendes? Oder besser gar nichts?

Eine Patentlösung gibt es nicht.

Im Folgenden finden Sie aber ein paar Gedanken und Anregungen, wie Sie einer trauernden Person am besten begegnen können.

KURZ UND KNAPP
— Eine Patentlösung im Umgang mit Trauernden gibt es nicht.
— Mitfühlen statt mitleiden, lautet das Motto. Geduldig da sein, präsent sein.

WEB
— Radio SRF 1 (2023): Tipps im Umgang mit Trauernden.
— Meyer, Norina (2023): Wie geht man mit Trauernden um?
— Metz, Christian (2011): Die vielen Gesichter der Trauer: Anregungen zum Umgang mit Trauer und Trauernden.

Radio SRF 1
www.srf.ch/radio-srf-1/hilfe-fuer-hinterbliebene-tipps-im-umgang-mit-trauernden

Norina Meyer
www.beobachter.ch/todesfall/wie-geht-man-mit-trauernden-um-617254

Christian Metz, Christian
https://psychotherapie-wissenschaft.info/article/view/218/380

BUCHTIPP
— Onnasch, Klaus / Gast, Ursula (2019): Trauern mit Leib und Seele. Orientierung bei schmerzlichen Verlusten. Klett Cotta Verlag, Stuttgart.

LÖSUNGSSTRATEGIEN

Verständnis zeigen

Versuchen Sie, die Situation Ihrer Arbeitskollegin zu verstehen, für Ihren Schmerz Verständnis aufzubringen, ohne sie zu verurteilen oder bewerten. Wichtig dabei ist, die Emotionen Ihrer Arbeitskollegin nicht zu Ihren eigenen zu machen und mit ihr mitzuleiden. Dies könnte passieren, wenn Sie sich mit ihr in verbunden fühlen, sich in ihre Situation hineinversetzen und diese als schlimm oder schmerzvoll ansehen. Oder Sie stellen sich vor, dass es Sie ähnlich schlimm treffen könnte und wie schlecht es Ihnen dann gehen würde. Dann steigen Sie in die Geschichte Ihrer Arbeitskollegin ein und übernehmen ihre Gefühlslage, empfinden Mitleid, auch wenn Sie aktuell selbst nicht vom Schicksal betroffen sind. Wenn Sie mitleiden und bedauern, fühlen Sie sich hilflos. Doch wenn statt einem zwei Menschen leiden, ist niemandem geholfen. Tränen lassen sich nicht mit Tränen heilen. Not lässt sich nicht mit Not heilen.

Unsicherheit akzeptieren und angebracht reagieren

Oft reagieren wir in unserer Hilflosigkeit ungünstig, indem wir Worte brauchen, wie zum Beispiel «Ach, du Arme» oder «Was du gerade durchmachst, ist wirklich schlimm». Damit wird das Leid vertieft und der andere Mensch geschwächt. Auch gut gemeinte Ratschläge wie «Du musst jetzt stark sein» oder «Das Leben geht weiter» sind oft unpassend, nehmen den Menschen nicht ernst und helfen nicht weiter.

Besser ist es, sich die eigene Unsicherheit einzugestehen und auszuhalten. Wir müssen nichts. Wir dürfen einfach da sein, schweigend, ohne Erwartungen an uns und die andere Person. Und vielleicht kommt dann der Wunsch auf, Nähe und Wärme auszudrücken, indem wir zum Beispiel sagen: «Ich fühle mit dir», «Wenn du reden möchtest, höre ich dir gerne zu» oder «Auch wenn ich im Moment nicht die passenden Worte finde, ich bin für dich da».

Mitfühlen

Und wenn Sie ein enges Verhältnis zu Ihrer Arbeitskollegin haben, bietet sich unter Umständen auch dieser Satz an: «Wenn du magst, nehme ich dich in den Arm und halte dich.» Mitfühlend ist auch: «Ich verstehe, dass dies schmerzt. Lass deine Tränen ruhig zu.» Damit geben Sie ihr zu verstehen, dass alle ihre Gefühle da sein dürfen und sie sich nicht zu schämen braucht. Wenn wir Gefühle nicht zulassen, haben wir eine Schmerzverdoppelung. Wir sollten nicht weinen und gleichzeitig dagegen ankämpfen. Gefühle wie Schmerz und Leid wollen auch gefühlt werden. Die Kunst ist es, in so einer Situation mitfühlend und nicht mitleidend für den anderen Menschen da zu sein.

ERKENNTNISSE FÜR MICH

> Einfühlungsvermögen ist das Tor,
> Mitgefühl ist der Weg.

6.3 KEINE TRAUERANZEIGE: KONDOLIEREN UNERWÜNSCHT?

Ein guter Bekannter ist kürzlich verstorben. Wir haben dies aber nur über Dritte erfahren. Offiziell wurde nichts veröffentlicht, und es fand auch keine Beisetzung statt. Darf/Soll man unter diesen Umständen überhaupt kondolieren, oder signalisiert das Vorgehen der Angehörigen, dass dies unerwünscht ist?

Die Nachricht vom Tod eines geliebten Menschen löst Trauer aus und versetzt die Angehörigen oft in einen Schockzustand. Trauer nennen wir das Gefühl, das sich einstellt, wenn wir etwas verlieren, das für uns einen Wert dargestellt hat. Es ist die Reaktion auf den Verlust und hat nichts mit Schwäche zu tun. Die gelebte Trauer ist nötig, damit wir den Tod eines geliebten Menschen verarbeiten und gesund weiterleben können. Trauern ermöglicht uns, uns auf die veränderte Situation einzulassen.

Trauernde sind oft mit schmerzenden und unerträglichen Emotionen konfrontiert und leben in einem Wechselbad der Gefühle. Das Überwinden des Schmerzes und das Akzeptieren der Unabänderlichkeit brauchen viel Zeit, Kraft und Raum. Jede Person erlebt Trauer auf ihre persönliche Art. Es gibt Trauernde, die sich in der Schockphase nicht in der Lage fühlen, Entscheidungen zu fällen. In dieser Zeit sind Kommunikationsstörungen möglich, da die meiste Energie für die Selbstkontrolle benötigt wird. Auch können sich Trauernde bewusst gegen Publikationen und eine offizielle Beisetzung entscheiden, sei es, weil sie sich von der Kirche distanziert haben, sei es, weil es der Wunsch der verstorbenen Person war oder weil es ihnen schlicht und einfach zu viel ist.

Im Folgenden finden Sie Hinweise, wie Sie damit umgehen können.

KURZ UND KNAPP
— Jede Person erlebt Trauer auf ihre eigene Art.
— Auch wenn Trauernde den stillen Weg wählen, sehnen Sie sich nach Trost und Beileid.
— Drücken Sie Ihre Betroffenheit und Gefühle mit einer Karte oder einem kurzen Brief aus.

BUCHTIPPS

— Psychologie heute compact 64 (2021): Trauer und Verlust. Was wir verlieren – wie wir trauern – was uns tröstet. Beltz Verlag, Weinheim.
— Franz, Margrit (2021): Umgang mit Tod, Verlust und Trauer. 33 Fotokarten. Don Bosco Verlag, München.
— Burgdörfer, Ludwig / Kuhm, Marthe (2023): Trauern braucht seine Zeit. Brunnen Verlag, Giessen.
— Grün, Anselm (2014): Trauern heisst lieben. Unsere Beziehung über den Tod hinaus leben. Herder Verlag, Freiburg.

LÖSUNGSSTRATEGIEN

Gefühle und Bedürfnisse wahrnehmen und entsprechend handeln

Offensichtlich haben sich die Angehörigen im vorliegenden Fall für eine stille Verabschiedung entschieden. Das heisst aber nicht, dass grundsätzlich niemand zu keiner Zeit sein Beileid aussprechen dürfte. Wenn Ihnen danach ist, handeln Sie nach ihrem Gefühl, nach Ihrem Bedürfnis. Teilen Sie Ihren Bekannten mit, dass dieser Tod Sie beschäftigt und berührt. Wenn wir uns bei allem fragen, ob es richtig ist und ob wir das überhaupt dürfen, nehmen wir unsere eigenen Bedürfnisse nicht ernst und lähmen uns!

Gefühle ausdrücken

Haben Sie den Mut, Ihre Bedürfnisse wahrzunehmen und einzubringen, indem Sie Ihre Gefühle ausdrücken. Selbst wenn Sie sich hilflos fühlen und nicht die passenden Worte finden, bleiben Sie nicht tatenlos. Denn eigentlich sehnen sich die Hinterbliebenen in dieser schweren Zeit nach Beileid und Trost.

Betroffenheit mitteilen

Schreiben Sie den Angehörigen beispielsweise einen persönlichen Brief oder eine Kondolenzkarte. Teilen Sie Ihre Betroffenheit mit, denn geteiltes Leid ist halbes Leid. Überlegen Sie, was Sie an der verstorbenen Person besonders geschätzt haben, welche Erlebnisse und Begegnungen die Beziehung zu ihr so wertvoll gemacht haben. Es muss keine lange Liste sein, oft fallen einem spontan ein, zwei wichtige Dinge ein, die man schätzt und schmerzlich vermissen wird. Und falls Sie mögen, dürfen Sie den Angehörigen auch Hilfe und Beistand anbieten.

Ihr Trauerbrief sollte keinesfalls länger als eine oder zwei Seiten sein und nicht in eine «Abhandlung» ausarten. Dies könnte als ein Sich-Ein- und -Aufdrängen empfunden werden.

Trauerbriefe werden von den Angehörigen oft aufbewahrt und spenden ihnen auch noch nach Wochen und Monaten Trost. Das Leben ist vergänglich – doch ein Brief bleibt.

ERKENNTNISSE FÜR MICH

> Die kleinen Dinge, die man tut, können für andere sehr bedeutsam sein.
> — Wayne Gerard Trotman

NETT SEIN — MIT ZURÜCKHALTUNG

6.4 TRAGISCHER TODESFALL IN DER FIRMA: WIE HANDHABEN?

Ein Arbeitskollege ist auf tragische Weise ums Leben gekommen. Wie ist im Betrieb mit einem solchen Trauerfall umzugehen?

Ein schrecklicher Todesfall lässt sich weder ignorieren noch wie ein Störfaktor des betrieblichen Ablaufs «managen». Er erfordert besondere Aufmerksamkeit und vor allem ein sensibles Vorgehen seitens der Unternehmensleitung. (Das Verhalten des Unternehmens in Krisensituationen lässt übrigens auch Rückschlüsse auf das allgemeine Arbeitgeberverhalten zu: Wo Verstorbene schlecht behandelt werden, können sich auch die Lebenden keine positive Firmenkultur erhoffen.)

Selbst wenn die Unternehmensleitung vom Todesfall emotional selbst stark betroffen ist: Krisenkommunikation ist Sache des Chefs oder der Chefin. Wer wortlos oder gleichgültig reagiert, wirkt gefühlskalt und nicht souverän. Empathie, Respekt und Wertschätzung sind gefragt. Es ist wichtig, dass ein schneller Kontakt zu den Angehörigen hergestellt wird, um Anteilnahme, Betroffenheit und Empathie zu zeigen und ihnen Unterstützung anzubieten. Innerbetrieblich ist die Unternehmensleitung gefordert, das Gespräch mit den Mitarbeitenden zu suchen und ihnen ausreichend Zeit für ihre Trauer einzuräumen, damit ein Arbeitsalltag wieder möglich wird.

KURZ UND KNAPP
— Wenn Mitarbeitende sterben, verliert ein Unternehmen mehr als nur eine Arbeitskraft.
— Es ist sehr wichtig, dass die Betriebsleitung eine empathische, respektvolle Krisenkommunikation pflegt.
— Verschiedene Abschiedsrituale können dabei helfen.

WEB
— Weigand, Wolfgang (2012): Der Tod macht nicht Halt vor der Firmentüre.
— Welzel, Ulrich (2016): Der Umgang mit Trauer am Arbeitsplatz.
— Sutor, Petra (2021): Umgang mit Trauer im Unternehmen. Richtig Rücksicht nehmen.

Wolfgang Weigand
www.hrtoday.ch/de/article/der-tod-macht-nicht-halt-vor-der-firmentuere

Ulrich Welzel
www.esv.info/aktuell/der-umgang-mit-trauer-am-arbeitsplatz/id/80200/meldung.html

Petra Sutor
www.managerseminare.de/ms_Artikel/Umgang-mit-Trauer-im-Unternehmen-Richtig-Rucksicht-nehmen,282045

LÖSUNGSSTRATEGIEN

Folgende Abschiedsrituale bieten sich an:

— **Kleine Zeichen**
Gesten wie etwa eine brennende Kerze oder Blumen auf dem Schreibtisch der verstorbenen Person sind ein sichtbares Zeichen der Verbundenheit.

— **Gedenkversammlung einberufen**
Kollegen und Kolleginnen haben die Möglichkeit, sich in einer Teamsitzung gemeinsam an die verstorbene Person zu erinnern. Jeder darf sich zu Wort melden.

— **Kondolenzbuch auflegen**
Kondolenzbücher bieten den Betroffenen eine Möglichkeit, sich von der verstorbenen Person mit einer ganz persönlichen Nachricht zu verabschieden. Das hilft bei der Bewältigung der Trauer. Das Buch kann eine Weile im Unternehmen aufliegen und wird danach den Angehörigen übergeben.

— **Erinnerungsplatz einrichten**
Ein Foto der verstorbenen Person an einer gut sichtbaren Stelle (Büro, Pausenraum ...) als Andenken platzieren.

— **Professionelle Trauerbegleitung hinzuziehen**
Vorgesetzte sind über die Todesnachricht häufig genauso bestürzt wie die Kolleginnen und Kollegen. Dann fehlen oftmals die Worte und die Kraft, die Trauernden emotional zu unterstützen. Da kann es sinnvoll sein, eine externe Trauerbegleitung hinzuzuziehen.

— **Anteilnahme zeigen**
Das Unternehmen zeigt Anteilnahme, indem eine offizielle Trauerkarte an die Hinterbliebenen von der Unternehmensleitung geschrieben und vom Team unterzeichnet wird. Weiter kann eine Traueranzeige im Namen des Unternehmens und aller Kolleginnen und Kollegen geschaltet und ein Kranz oder Blumen für das Grab organisiert werden. Selbstverständlich sind auch persönliche Beileidsbekundungen, mündlich oder schriftlich, von Arbeitskolleginnen und -kollegen willkommen. Jede Form von positiver Anteilnahme bringt im Endeffekt Trost.

— **An Beisetzung teilnehmen**
Allen Mitarbeitenden sollte die Teilnahme an der Trauerfeier ermöglicht werden. Für die Vorgesetzten ist es Pflicht.

ERKENNTNISSE FÜR MICH

6.5 SOLL ICH MICH NICHT MEHR FÜR KLEINIGKEITEN ENTSCHULDIGEN?

Meine Freundin hat mich kürzlich darauf hingewiesen, dass es nicht nötig sei, sich für jede Kleinigkeit zu entschuldigen. Wir standen zusammen an einer Supermarktkasse und ich bat die Kassiererin um Verzeihung, weil ich kein Kleingeld hatte. Aber kann man überhaupt zu höflich sein? Wie sehen Sie das?

Es gibt Menschen, die entschuldigen sich ständig. Und dies nicht nur, wenn sie Mist gebaut haben. Zugegeben, wer etwas verbockt, gegen Werte verstoßen oder etwas Unangebrachtes gesagt hat, bittet um Entschuldigung, weil er oder sie etwas falsch gemacht hat und sich somit von Schuld befreien möchte. Und dies nicht nur oberflächlich und floskelhaft, sondern von Herzen. Das ist guter Stil und zeugt von Größe. Dann hat die Entschuldigung die Aufgabe, unser Gegenüber zu besänftigen und die Beziehung wieder ins Lot zu bringen.

Doch es gibt im Alltag auch Situationen, in denen sich Menschen für Dinge entschuldigen, die keiner Entschuldigung bedürfen. So sagen sie zum Beispiel im Supermarkt zur Kassiererin «Tut mir leid, ich habe kein Kleingeld, nur einen 100er-Schein», auf der Straße zu einem Passanten «Entschuldigung, könne Sie mir sagen, wo es zur Bergstraße geht?» oder im Bus «Sorry, ist der Platz noch frei?». Manche entschuldigen sich sogar für die eigene Meinung: «Sorry, ich sehe dies anders.»

Warum entschuldigen sich Menschen in solchen Situationen? Oft steckt dahinter eine pure Gewohnheit, in der sich vielleicht sogar eine falsch verstandene Höflichkeit oder ein mangelndes Selbstwertgefühl versteckt. Dann wird nämlich in Tat und Wahrheit aus Angst vor Zurückweisung oder Harmonieverlust um Entschuldigung gebeten, selbst wenn kein eigenes Verschulden vorliegt. Damit machen wir uns klein. Gemäß einer kanadischen Wissenschaftsstudie zeigt sich dieses «Sorry»-Phänomen häufiger bei Frauen als bei Männern.

Im Folgenden finden Sie Tipps, wie Sie die «Sorry»-Gewohnheit ändern können.

KURZ UND KNAPP
— Eine Entschuldigung ist notwendig, wenn Sie Ihrem Gegenüber geschadet haben.
— Überprüfen Sie Ihr «Sorry»-Verhaltensmuster und ändern Sie Ihre Gewohnheit durch eine kurze Pause und Umformulierung.

WEB
— Landsteiner, Anika (2024): Sorry not Sorry. Über weibliche Scham.
— Wolf, Doris von PAL psychotipps (2020): Wofür Sie sich nicht entschuldigen müssen.
— Arbeits-Abc.de (2023): Hör auf, so oft «Entschuldigung» zu sagen.

Anika Landsteiner
www.argon-verlag.de/hoerbuch/anika-landsteiner-sorry-not-sorry-9783732474233

Doris Wolf
www.palverlag.de/sich-schuldig-fuehlen-entschuldigen.html

Arbeits-Abc.de
https://arbeits-abc.de/hoer-auf-so-oft-entschuldigung-zu-sagen/

BUCHTIPP
— Jacob, Gitta (2020): Raus aus dem Schema F. Beltz Verlag, Weinheim.

LÖSUNGSSTRATEGIEN

Kommen Sie Ihrem Verhaltensmuster auf die Schliche
Dokumentieren Sie eine Woche lang, wie oft Ihnen pro Tag ein «Sorry», «Pardon» oder «Entschuldigung» über die Lippen geht. Überprüfen Sie danach, wofür Sie sich entschuldigen. War es angebracht und wichtig, weil Sie falsch gehandelt haben?

Eine kurze Pause machen
Versuchen Sie, zwischen der Situation und Ihrem reflexartigen «Verzeih mir»-Impuls eine kurze Pause zu machen, um danach mit Bedacht Ihre Reaktion zu wählen.

Einen «Sorry-Satz» umformulieren
Ein Satz, der mit «Sorry» anfängt, lässt sich umformulieren. Statt «Entschuldigung, ich bin mit der Arbeit noch nicht so weit» sagen Sie «Ich bin morgen Mittag mit der Arbeit so weit». Statt «Sorry, ich bin zu spät» sagen Sie «Danke, dass du gewartet hast».

Erinnern Sie sich in Zukunft daran, dass eine Entschuldigung nur notwendig ist, wenn Sie Ihrem Gegenüber geschadet haben. Ansonsten lohnt sich die neue Formel: Weniger «Sorry», mehr Für-sich-Einstehen. Indem Sie zu Ihren Ansichten, Gefühlen und Zielen stehen.

ERKENNTNISSE FÜR MICH

> Niemand kann Dir ein Minderwertigkeitsgefühl aufzwingen ohne Deine Bereitschaft dazu.
> **Eleanor Roosevelt**

6.6 MEIN ENKELKIND BEDANKT SICH NIE FÜR GESCHENKE. WAS TUN?

Ich liebe meine Enkelin und lasse ihr neben Geburtstags- und Weihnachtsgeschenk regelmäßig auch zwischendurch einen großen Batzen zukommen. Doch ich erhalte nie ein «Dankeschön» oder eine Reaktion, ob sie sich gefreut hat. Das stört mich ein bisschen, denn ich möchte nicht nur die «Geldoma» sein. Was raten Sie mir?

Schenken macht Freude. In der Regel möchten wir dem Gegenüber durch diesen Akt unsere Verbundenheit zeigen und ihm Freude bereiten. Bleibt jedoch auf Dauer ein Dank oder eine positive Reaktion auf unsere Aktion aus, ärgert uns das. Denn dankbar zu sein für eine uns entgegengebrachte Aufmerksamkeit und diese Dankbarkeit der schenkenden Person zu zeigen, gehört bei den meisten Menschen zu den Benimmregeln, die sie von ihren Eltern schon früh vermittelt bekamen.

Die edelste und aufrichtigste Form des Schenkens ist aber natürlich bedingungslos. Wenn wir jemandem von Herzen ein Geschenk machen, eine Aufmerksamkeit zukommen lassen wollen, dann sollten wir es einfach tun! Und zwar ohne Erwartungen. Wir geben etwas von uns, weil wir genug haben und es mit jemandem teilen möchten. Wir geben und machen uns damit selbst eine Freude. Wenn wir von vornherein erwarten, dass unser Geben mit Dankbarkeit honoriert wird, dann ist es nicht bedingungslos. Reagiert die andere Person nicht so, wie wir es erwartet haben, sind wir enttäuscht.

«Erwartungen ruinieren Beziehungen», lautet das Mantra von Neale Donald Walsch, Autor des Buchs *Gespräche mit Gott*. Besser ist es, unsere innere Verfassung und unsere Gefühle nicht davon abhängig zu machen, ob die Mitmenschen unser Tun und Wirken gebührend mit Dankbarkeit würdigen. Das heißt, ärgern Sie sich nicht, wenn Sie nichts zurückbekommen, sondern erfreuen Sie sich am bedingungslosen Geben.

So macht Schenken Freude …

KURZ UND KNAPP
— Schenken macht Freude – auch der Person, die schenkt.
— Bleibt ein Dank aus, irritiert das.
— Die edelste Art des Schenkens ist, es ohne Erwartungen zu tun. Machen Sie Ihr Glück nicht von der Dankbarkeit anderer abhängig.

BUCHTIPP
— Stokar, Christoph (2019): Der Schweizer Knigge. Beobachter Edition, Zürich.

WEB
— Wissenschaft.de (o. J.): Die Wirkung des Schenkens.
— Maeck, Stefanie (2023): Vom Glück des Gebens: Was Philosophie und Psychologie über das Schenken lehren.
— Schmid, Wilhelm (2019): Vom Geben und Nehmen: die Kunst des Schenkens.
— Mysorekar, Sheila (2020): Dankbarkeit: Wenn Geben und Nehmen zum Machtspiel wird.

Wissenschaft.de
www.wissenschaft.de/gesellschaft-psychologie/die-wirkung-des-schenkens/

Stefanie Maeck
www.geo.de/wissen/gesundheit/was-philosophie-und-psychologie-ueber-das-schenken-wissen--34297442.html

Wilhelm Schmid
www.deutschlandfunk-kultur.de/vom-geben-und-nehmen-die-kunst-des-schenkens-100.html

Sheila Mysorekar
www.deutschlandfunk-kultur.de/dankbarkeit-wenn-geben-und-nehmen-zum-machtspiel-wird-100.html

LÖSUNGSSTRATEGIEN

Einstellung überprüfen
Schenken Sie aus Freude und bedingungslos, fern jeglicher Erwartungen? Falls Sie dies nicht tun, könnten Sie enttäuscht werden. Das Wort «erwarten» beinhaltet das Wort «warten». Ein Dank lässt manchmal lange auf sich warten, insbesondere, wenn er an Bedingungen geknüpft ist.

Gleichgesinnte beschenken
Wenn Ihnen Werte wie Dankbarkeit, Wertschätzung, Respekt wichtig sind, dann verwöhnen Sie am besten Menschen, die diese Werte ebenfalls schätzen.

Eigenbild schärfen
Überlegen Sie sich, welche Art von Oma Sie sein möchten. Eine «Geldoma», die auf einen Dank wartet und bei Nichterhalt enttäuscht und verärgert ist? Oder eine Oma, die das eigene Leben genießt?

Gespräch suchen
Vielleicht suchen Sie auch das Gespräch mit Ihrer Enkelin und lassen sie wissen, wie es Ihnen geht. Etwa so: «Liebe Anja. Seit Monaten lasse ich dir immer wieder einen Batzen zukommen und würde mich über ein kleines Zeichen des Dankes freuen. Dankbarkeit und Wertschätzung sind wichtige Werte für mich. Ich habe beschlossen, mich eine Zeit lang zurückzuziehen und dir kein Geld mehr zukommen zu lassen. Meine Türen sind aber offen, falls du mich brauchst und ich dir etwas Gutes tun kann.»

Nachdem Sie dies ausgesprochen haben, ist es wichtig, dass Sie den Rückzug und eine mögliche Disharmonie aushalten. Sorgen Sie währenddessen gut für sich und zollen Sie sich ganz viel Respekt.

ERKENNTNISSE FÜR MICH

NOTIZEN
KAPITEL 6

7
RESPEKT EINFORDERN

— MIT NACHDRUCK

7.1 MUSS ICH DIE MITARBEITENDEN WIRKLICH STÄNDIG LOBEN?

Mir wird hin und wieder von meinen Mitarbeitenden vorgeworfen, dass ich sie zu wenig lobe. Ich sehe nicht ein, dass dies wirklich nötig sein soll. Brauchen die Menschen wirklich immer wieder Lob? Wenn Ja: Wie mache ich es denn richtig?

Gerade im Geschäftsleben gilt oft: Die Abwesenheit von Kritik ist Anerkennung genug. Doch wer seine Mitarbeitenden emotional verhungern lässt, wird eines Tages kaum mehr anerkennenswerte Leistung erhalten. Und: Wer Gutes sucht, wird Gutes finden.

Eine Anerkennung an der richtigen Stelle wird die Batterie eines Menschen, eines Teams wieder aufladen. Ein Lob ist nicht nur Labsal für die Seele, es ist auch ein mächtiges Instrument, um Menschen zu motivieren, sich weiterzuentwickeln.

Jede und jeder Mitarbeitende braucht regelmäßig Feedback – gerade auch positives! Das kann auch ein Dankeschön, ein freundlicher Blick oder ein Lächeln sein; Sie setzen damit zumindest ein Zeichen. Gerade die Orientierung am Wert der Mitarbeitenden, das Wahrnehmen und Fördern ihrer Ressourcen und Fähigkeiten ermöglicht Wachstum und bringt Wertschöpfung für das ganze Unternehmen. Suchen Sie aktiv nach den positiven Werten des Menschen!

Wie das konkret geht, lesen Sie im Folgenden.

KURZ UND KNAPP
- Positives Feedback ist ein mächtiges Instrument, um Menschen zu motivieren.
- Wer keine Rückmeldung zu seiner Arbeit erhält, bleibt im Ungewissen über die Qualität seiner Leistung.
- Drücken Sie Anerkennung zeitnah, konkret, aufrichtig und mit einer Ich-Botschaft aus.

BUCHTIPPS
- Wüest, Irène (2021): Was sagen Sie, wenn …? So gelingen schwierige Gespräche. Hep Verlag, Bern.
- Von Kanitz, Anja (2020): Feedbackgespräche. Taschen Guide, Haufe Verlag, Berlin.
- Bastian, Johannes / Combe, Arno / Langer, Roman (2016): Feedback-Methoden. Erprobte Konzepte, evaluierte Erfahrungen. Beltz Verlag, Weinheim.

WEB
- Personio (o. J.): Feedbackgespräche und was sie nicht sein sollen.
- Paszek, Rainer (2020): Mitarbeiter- und Feedbackgespräche professionell führen.

Personio	Rainer Paszek
www.personio.ch/hr-lexikon/feedback-gespraeche-und-was-sie-nicht-sein-sollen/	https://hrtoday.ch/de/article/mitarbeiter-und-feedbackgespraeche-professionell-fuehren

LÖSUNGSSTRATEGIEN

Spontan und zeitnah loben
Wer seinen Mitarbeitenden keine unmittelbare Rückmeldung über die Qualität ihrer Arbeit gibt, lässt sie über die Qualität ihrer Leistung im Ungewissen. Einmal im Jahr (Qualifikationsgespräch) reicht nicht.

Konkret sein
Es muss klar sein, wofür das Lob ist. Bleiben Sie bei den Fakten. Je spezifischer Sie die Erfolge schildern, desto fundierter wirkt die Anerkennung.

Aufrichtig sein
Wenn ich nur lobe, weil ich gelernt habe zu loben, wirkt es nicht. Lob muss aufrichtig und authentisch sein. Auch darf es nie als bedingtes Lob daherkommen (z. B. erst loben, dann einen Berg von Arbeit verteilen oder erst loben, dann schelten). Die Mitarbeitenden lernen schnell, die Absicht dahinter zu deuten: «Er lobt nur, weil er etwas von mir will» oder: «Achtung, jetzt folgt dann der Hammer!»

Ein Lob ist ein Lob
Verbinden Sie Lob nicht mit Kritik. Verzichten Sie auf die Sandwich-Methode, die eine negative Rückmeldung mit Lob umschließt, damit sie sich leichter schlucken lässt. Die Folge: Die Gelobten reagieren misstrauisch und ablehnend.

Ich-Botschaft
Formulieren Sie lobende Worte als Ich-Botschaft: «Ich bin beeindruckt, wie gut du unser Anliegen trotz kurzer Vorbereitungszeit vertreten hast.» Sie drücken damit Ihre Anerkennung auf Augenhöhe aus, sind du-orientiert. Zugleich sagen Sie, warum Sie dieses Lob äußern. Sprechen Sie hingegen eine Du-Botschaft aus wie «Das hast du gut gemacht», fällen Sie ein Urteil im Sinne von «Ich beurteile dich», womit Sie sich über die andere Person stellen. Zudem ist die Aussage pauschal: Der Empfänger weiß nicht konkret, was er gut gemacht hat und welches spezifische Verhalten er beibehalten soll.

Lob von und vor Dritten
Geben Sie anerkennende Worte Dritter zeitnah weiter. Und loben Sie Ihre Mitarbeitenden vor Kundinnen. Etwa so: «Es ist ein Glück, dass wir Sie haben, weil ...», oder: «Ich schätze Ihre Meinung.» Da schalten gleich drei Hirne auf positiv!

ERKENNTNISSE FÜR MICH

ZUSATZMATERIAL
— Übung «Ich-Botschaften»
— Übung «4B-Modell»
— Übung «Lob versus Anerkennung»

7.2 WIE HOLE ICH MIR ALS FRAU RESPEKT IM VORSTAND?

Ich bin neu in einem männlich dominierten Vorstand eines Vereins. Bislang habe ich leider den Eindruck, von den zahlreichen Kollegen nicht wirklich gehört und ernst genommen zu werden. Woran kann das liegen und was kann ich dagegen tun?

Zugegeben, die Zusammenarbeit in gemischten Teams ist für viele Menschen nicht einfach. Unterschiedliche Verhaltensweisen fordern heraus und bieten oft Anlass für Missverständnisse. Ohne schwarz-weiß malen zu wollen: Frauen sprechen tendenziell anders als Männer. Das heißt, auch im 21. Jahrhundert und trotz Genderdebatte weisen Menschen mit mehr weiblichen und Menschen mit mehr männlichen Verhaltenstendenzen unterschiedliche Kommunikationsmuster auf.

Die Gründe dafür werden kontrovers diskutiert. So macht gemäß englischen Forschern der Überschuss des Sexualhormons Testosteron die männliche Sprache direkt und «aggressiv». Frauen lässt das Bindungshormon Oxytocin auf rücksichtsvolle Kommunikation setzen. Deborah Tannen, amerikanische Professorin für Soziallinguistik und Bestsellerautorin, sieht den Ursprung beider Sprachwelten jedoch in Mustern, die Sozialisation und gesellschaftlicher Rollenzuteilung zuzuschreiben sind. Sie hat unterschiedliches Sprachverhalten in der Kindheit untersucht und herausgefunden, dass Mädchen nach wie vor beigebracht wird, auf ein gutes Gruppengefühl zu achten, während Jungen lernen, Status zu erlangen und sich durchzusetzen. So zementieren sich zwei Sprachstile, in denen sich Frauen und Männer abhängig von ihren Lern- und Erfahrungswelten bewegen.

Die folgenden Tipps können helfen, selbstbewusster in Gremien aufzutreten.

KURZ UND KNAPP
— Auch im 21. Jahrhundert und trotz Genderdebatte weisen Menschen mit mehr weiblichen und Menschen mit mehr männlichen Verhaltenstendenzen unterschiedliche Kommunikationsmuster auf.
— Reflektieren Sie Ihren Kommunikationsstil und den der anderen. Lernen Sie Zweisprachigkeit und sprechen Sie Ihr Unwohlsein an.

BUCHTIPPS
— Tannen, Deborah (2003): Du kannst mich einfach nicht verstehen. Warum Männer und Frauen aneinander vorbeireden. Goldmann Verlag, München.
— Modler, Peter (2018): Das Arroganz-Prinzip. So haben Frauen mehr Erfolg im Beruf. Fischer Verlag, Frankfurt.
— Modler, Peter (2022): Wenn Höflichkeit reinhaut. Campus Verlag, Frankfurt.

LÖSUNGSSTRATEGIEN

Den eigenen Kommunikationsstil reflektieren
Sprechen Sie eine weiche, unbestimmte Sprache? Geben Sie Ihre Meinung kund oder nehmen Sie sich zurück? Wie ist Ihre Körpersprache?

Sprachmuster erkennen
Erkennen Sie die Sprachmuster Ihrer Kollegen. Welche Elemente davon könnten für Sie eine Bereicherung sein?

Andere Sprechweise akzeptieren
Akzeptieren Sie, dass Sie nicht «falsch» liegen, sondern eine andere Sprechweise haben. Das bereichert im Endeffekt ein Gremium und dessen Arbeitsergebnisse.

Sich die eigene Rolle bewusst machen
Sie sind aufgrund Ihrer Fähigkeiten in diesen Vorstand gewählt worden. Mit Ihrem Eintritt haben Sie eine Position und Funktion übernommen, an die Erwartungen geknüpft sind, die es zu erfüllen gilt – auch von den Vereinsmitgliedern.

Zweisprachigkeit lernen
Zeigen Sie sich und nehmen Sie Raum ein. Das steht Ihnen zu. Sagen Sie «Jetzt brauche ich eure Aufmerksamkeit» oder «Bitte hört mir zu».

Die Form der Zusammenarbeit ansprechen
Sprechen Sie im Vorstand die Form der Zusammenarbeit an und lassen Sie Ihre Kollegen an Ihren Wahrnehmungen und Gefühlen teilhaben. Vielleicht ist den Kollegen Ihr Unwohlsein beziehungsweise das eigene Verhalten gar nicht bewusst. Erst wenn wir sagen, was uns beschäftigt, haben die anderen eine Chance, etwas zu ändern.

ERKENNTNISSE FÜR MICH

Es ist normal, verschieden zu sein

7.3 WIE KANN ICH DAS VERTRAUEN IM VEREIN WIEDERHERSTELLEN?

Ich bin Vorstandsvorsitzender eines Vereins. Vor einiger Zeit gab es einen Konflikt. Dieser wurde zwar beigelegt, dicke Luft herrscht aber immer noch. Das Vertrauen ist noch nicht zurück. Dies belastet mich als Präsident sehr. Was kann ich tun, um das Vertrauen wiederherzustellen?

Vertrauen ist die Basis jeder Beziehung, ein Klebstoff, der Menschen zusammenhält. Egal, ob es sich um Freundschaft, um eine Liebesbeziehung oder um ein berufliches Miteinander handelt.

Vertrauen bedeutet Zutrauen. Ich vertraue der Person, weil sie mein Interesse im Herzen trägt. Ich zeige ihr, dass ich sie respektiere, ihren Worten Glauben schenke, an die Richtigkeit ihrer Handlungen glaube. Dann befinden sich die Parteien in einem emotional entspannten Zustand – die beste Voraussetzung für das Erfüllen von Aufgaben und das Erreichen gemeinsamer Ziele.

Misstrauen hingegen bedeutet Verdacht. Wir glauben bei der anderen Person nicht an das Beste, nicht daran, dass sie ehrlich ist und wir uns auf sie verlassen können. Dies führt unter anderem zu Kontrolle, Bürokratie, Demotivation. Ob Sie Vertrauen gewinnen wollen oder selbst als vertrauenswürdig gelten möchten: Beides basiert nicht zuletzt auf verschiedenen Grundsätzen. Diese werden im Folgenden diskutiert.

KURZ UND KNAPP
— Vertrauen ist die Basis jeder Beziehung.
— Vertrauen entsteht durch Verlässlichkeit, Ehrlichkeit und Transparenz.
— Personen in einer führenden Position haben Vorbildfunktion und beeinflussen die Kultur im Vorstand.

WEB
— Weiß, Bertram / Simon, Claus Peter (o. J.): Wie wir Vertrauen gewinnen – und verhindern, misstrauisch zu werden.

Bertram Weiß /
Claus Peter Simon
www.geo.ce/magazine/
geo-wissen/16301-rtkl-psychologie-
vertrauen-das-verbindende-gefuehl

BUCHTIPPS
— Rosenberg, Marshall B. (2023): Konflikte lösen durch Gewaltfreie Kommunikation. Herder Verlag, Freiburg im Breisgau.
— Nöllke, Matthias (2016): Vertrauen im Beruf. Haufe Verlag, Berlin.
— Petermann, Franz (2013): Psychologie des Vertrauens. Hogrefe Verlag, Göttingen.

LÖSUNGSSTRATEGIEN

So entsteht Vertrauen:

— **Setzen Sie auf Vertrauensvorschuss und ein positives Menschenbild**
Starten Sie mit einem Vertrauensvorschuss. Glauben Sie an das Gute im Menschen. Dahinter steht das positive Menschenbild, dass jede und jeder sein Bestes tut. Diese Haltung spürt Ihr Gegenüber, und dies hat Einfluss auf sein Verhalten.

— **Seien Sie verlässlich und berechenbar**
Machen Sie Ihr eigenes Handeln nachvollziehbar. Nur wenn die Mitglieder wissen, wie Sie sich in bestimmten Situationen verhalten und wie Sie Entscheidungen treffen, sind Sie im positiven Sinne berechenbar und bekommen Vertrauen geschenkt. Wer wie die Fahne im Wind ständig seine Meinung ändert und unberechenbar handelt, dem wird misstraut.

— **Kommunizieren Sie transparent**
Sprechen Sie glasklar, sodass Ihre Vorstellungen und Erwartungen nachvollziehbar sind. Achten Sie darauf, das Gremium zeitnah und gleichermaßen mit Informationen zu versorgen. Ungünstig ist, wenn die Mitglieder wichtige Informationen aus anderen Quellen erhalten.

— **Stehen Sie zu dem, was Sie sagen**
Verbindlichkeit ist das Bindemittel, leere Versprechungen sind das Trennmittel von Vertrauen. Überlegen Sie sich im Vorfeld gut, was Sie zusichern wollen, und halten Sie Ihre Zusage verlässlich ein.

— **Stellen Sie sich vor die Vorstandsmitglieder**
Fehler machen ist menschlich. Werden jedoch Mitglieder für ihre Fehler vorgeführt und beschuldigt, leidet das Vertrauen. Fehler eines Mitglieds sind immer auch Fehler des Chefs oder der Chefin – jedenfalls nach außen und oben. Stellen Sie sich vor den Vorstand und klären Sie intern, wie Fehler vermieden werden können. Als Leitungsperson bestimmen Sie mit Ihrem Verhalten die Kultur im Vorstand. Ich empfehle, eine Sondersitzung einzuberufen, um die Situation zu reflektieren und gemeinsam Lehren für einen Neuanfang zu ziehen.

ERKENNTNISSE FÜR MICH

> Wo das Vertrauen fehlt, spricht der Verdacht.
> Laotse

7.4 WIE KANN ICH SCHLAGFERTIGER WERDEN?

Kürzlich wurde ich in einem Gespräch aus dem Nichts heraus angegriffen – das erlebt man ja leider immer wieder einmal. Doch es passiert auch nicht so oft, dass man wirklich geübt in der Reaktion ist. Ich brachte leider kein Wort heraus und schwieg nur betreten. Wie schaffe ich es, schlagfertiger zu werden?

Es gibt Situationen, da werden wir verbal provoziert, mit einem kecken Spruch oder einer fiesen Bemerkung schachmatt gesetzt, aus der Reserve gelockt, gekränkt oder beleidigt. Wir werden aus dem Nichts überrascht und stehen plötzlich im Zentrum. Wir wollen kontern, uns wehren – reagieren jedoch sprachlos. Erst Stunden später fällt uns ein, was wir Geniales hätten sagen können.

Hier ist Schlagfertigkeit sehr hilfreich: die Fertigkeit, im richtigen Augenblick geschickt mit Worten zu spielen. Werden wir aus der Reserve gelockt oder wird uns Geringschätzung statt Respekt entgegengebracht, benötigt es einen selbstbewussten Konter. Nur so können wir unsere Souveränität erhalten, unsere Würde verteidigen und uns vor weiteren Verbalattacken schützen.

Schlagfertigkeit ist nur wenigen Menschen angeboren. Sie ist eine seltene Gabe. Die meisten Menschen müssen sie sich antrainieren. Das erfordert zunächst die richtige Einstellung, also die Bereitschaft, sich zu wehren. Bedenken Sie: Ein Sprücheklopfer oder eine Angreiferin hat immer ein bestimmtes Ziel vor Augen, etwa uns aus dem Gleichgewicht zu bringen, herauszufordern, einzuschüchtern oder lächerlich zu machen. Nettigkeit ist in dieser Situation oft nicht angemessen. Je nach Art der Bemerkung benötigt es Humor oder eine gewisse Dreistheit. Verabschieden Sie sich von der wirklichkeitsfremden Einstellung, immer brav sein und eine Bemerkung schweigend akzeptieren zu müssen.

Im Folgenden finden Sie Tipps zum erfolgreichen Kontern.

KURZ UND KNAPP
— Schlagfertigkeit ist die Fertigkeit, im richtigen Augenblick geschickt mit Worten zu spielen.
— Schlagfertigkeit ist lernbar!
— Rezept: hellwach und gelassen sein, sich mit der «perfekten» Antwort nicht unter Druck setzen und Kontersätze auswendig lernen.

BUCHTIPPS
— Ryborz, Heinz (2019): Geschickt kontern: Nie mehr sprachlos. Walhalla Verlag, Regensburg.
— Pöhm, Matthias (2015): Das NonPlusUltra der Schlagfertigkeit. Die besten Techniken aller Zeiten. Mvg Verlag, München.

WEB

— Teufert, Gero (o.J.): Schlagfertigkeit.
— Pöhm, Matthias (2018): Kontern leicht gemacht: So wirst du rhetorisch unbesiegbar. Youtube-Video.

Gero Teufert
https://schlagfertigkeitsblog.de

Matthias Pöhm
www.youtube.com/watch?v=iaxHkaUmSqI

LÖSUNGSSTRATEGIEN

Hellwach und gelassen sein

Kontern können wir nur, wenn wir hellwach und gelassen sind und nicht in eine Stresssituation geraten. Ansonsten purzeln unsere Gedanken und Gefühle wie in einem Wäschetrockner durcheinander. Wir können nicht mehr klar denken. Wir sind in unseren Gefühlen gefangen, und die überraschenden Worte lassen uns nicht mehr los. Wir müssen lernen, unsere Gefühle zu steuern. Dabei hilft es, zuerst einmal tief durchzuatmen. Erst wenn das Gehirn genügend Sauerstoff hat, kann es gut denken.

Setzen Sie sich mit dem Antworten nicht unter Druck

Es geht nicht darum, etwas Intelligentes oder Witziges zu sagen, sondern allein darum, überhaupt etwas zu sagen. Ein zu hoher Anspruch würde hier nur überfordern und unsere Gehirnarbeit blockieren. Was hilft, ist, sich ein paar schlagfertige Standardantworten einzuprägen: eine Gegenfrage, einen witzigen Spruch, ein schlichtes «Hoppla», ein «Angenehm, mein Name ist Vera».

Kontersätze vorbereiten

Hilfe auf der Suche nach passenden und witzigen Kontersätzen bietet das Buch *Geschickt kontern: Nie mehr sprachlos* von Heinz Ryborz oder auch die Internetseite https://schlagfertigkeitsblog.de/

Und zu guter Letzt: Es gibt keine Niederlagen, es gibt nur Lerneffekte. Nehmen Sie die Herausforderungen des Lebens an und seien Sie bereit, zu wachsen. Der Schlüssel zum Lernen ist das Tun.

ERKENNTNISSE FÜR MICH

> Jede neue Herausforderung ist ein Tor zu neuen Erfahrungen.
> Ernst Ferstl

ZUSATZMATERIAL

— Übung «Schlagfertig kontern»

7.5 WIE SAGE ICH «NEIN», WENN ICH DIE ENKELKINDER NICHT HÜTEN KANN?

Mein Sohn fragt mich oft, ob ich die Enkelkinder hüten könne. Ich mache dies gerne, getraue mich aber nie «Nein» zu sagen, auch wenn ich bereits etwas anderes vorhabe. Kürzlich musste ich deshalb eine Wanderung absagen. Wie soll ich mich künftig verhalten, um auch an mich zu denken, aber ohne egoistisch zu wirken?

Die meisten Großeltern freuen sich sehr über ihre Enkelkinder und wollen gerne an deren Leben teilhaben. Dementsprechend stehen sie hin und wieder oder sogar regelmäßig für Hütedienste zur Verfügung. Einerseits wird ein Dienst aus Liebe, aus Familiensinn oder um Tochter und Sohn zu entlasten, angeboten. Andererseits wird eine Unterstützung von jungen Eltern oft als selbstverständlich betrachtet. Ein «Nein» kann dann zu Irritation führen und Disharmonie im Familiensystem erzeugen.

Insbesondere harmoniebedürftige Großmütter sagen dann aus Angst vor Ablehnung oder Liebesentzug öfter «Ja», als ihnen lieb ist. Schließlich wollen sie nicht der Anlass für eine gestörte Harmonie in der Familie sein. Lieber halten sie es aus und verbiegen sich innerlich. Doch wer handelt, um zu gefallen, begibt sich in die Abhängigkeit von anderen Menschen.

Sie als Großmutter haben das Recht, Ihre Grenzen zu setzen, Ihre eigenen Bedürfnisse zu artikulieren und eigenständig über Ihr Leben zu entscheiden. Was anfänglich schön und gut war, kann plötzlich zu viel werden – sei es, weil Sie älter geworden sind, schneller ermüden, sich zunehmend durch häufiges Betreuen gleich mehrerer Kinder überfordert fühlen, oder sei es einfach, weil Sie sich mehr Zeit für Ihre eigenen Hobbys und Interessen wünschen.

Im Folgenden finden Sie Tipps, wie Sie die Situation klären können.

KURZ UND KNAPP
— Bieten Sie Ihre Hütedienst aus Liebe und nicht aufgrund von Erwartungen an.
— Sagen Sie nicht aus Angst vor Ablehnung «Ja» zum Hüten. Sie haben das Recht, «Nein» zu sagen.
— Denken Sie auch an sich und Ihre eigenen Bedürfnisse! So sind Sie auch ein gutes Vorbild für Ihre eigenen Kinder.

BUCHTIPPS
— Berckhan, Barbara (2020): Souverän Nein sagen. Drei Schritte zur Abgrenzung. Kösel Verlag, München.
— Radecki, Monika (2022): Nein sagen. Die besten Strategien. TaschenGuide. Haufe Verlag, Berlin.
— Schoenaker, Theo / Schoenaker, Julitta / Platt, John M. (2007): Die Kunst, als Familie zu leben. Herder Verlag, Freiburg im Breisgau.

LÖSUNGSSTRATEGIEN

Klärendes Gespräch
Klären Sie mit Ihrem Sohn die gegenseitigen Erwartungen und Ihre zeitlichen und kräftemäßigen Ressourcen. Stimmen Ihr Sohn und Sie überein, werden Sie bestimmt von ganzem Herzen «Ja» sagen. Passt es nicht, ist ein klares «Nein» besser.

Sagen Sie zum Beispiel: «Grundsätzlich hüte ich deine Kinder gerne. Doch manchmal ist es mir zu viel, weil ich mehr Erholung und Ruhe brauche. Ich möchte nur noch einmal die Woche die Kinderbetreuung übernehmen.» Oder: «Ich liebe die Kinder und bin gerne für sie da. Doch ich bin nicht mehr bereit, mich regelmäßig zu verpflichten, weil ich freier und unabhängiger sein möchte. Du darfst jederzeit fragen, doch ich entscheide.»

Sorgen Sie für sich
— **Entscheiden Sie selbst**
  Sie sind kein selbstloses Wesen, das ausschließlich für die Familie da ist. Sie können wählen und das ist Ihr gutes Recht.
— **Überprüfen Sie auch Ihre Grundannahmen**
  Überprüfen Sie auch Ihre Grundannahmen wie «Ich bin egoistisch, wenn ich meine Enkelkinder nicht hüte». Stimmt das? Nein. Sie sind keineswegs egoistisch, wenn Sie sich abgrenzen und Zeit für sich nehmen. Egoistisch ist nicht der, der gut für sich sorgt, sondern derjenige, der es nicht tut und es dann von anderen erwartet.
— **Seien Sie Vorbild**
  Mit Aushalten, Leiden und Schweigen sind Sie zudem kein gutes Vorbild für Ihre eigenen Kinder.
— **Seien Sie mutig**
  Gehen Sie mit reinem Gewissen mutig voran und kultivieren Sie Selbstfürsorge. Im Endeffekt sind Großeltern, die entspannt und mit Freude auf die Enkelkinder aufpassen, das allerschönste Geschenk für jede Familie.

ERKENNTNISSE FÜR MICH

> Die Fähigkeit, das Wort Nein auszusprechen, ist der erste Schritt zur Freiheit.
> Nicolas Chamfort

ZUSATZMATERIAL
— Übung «‹Nein› sagen»

7.6 RESPEKTLOSE BEHANDLUNG: WIE KANN ICH MICH EINSETZEN?

Ich erlebe es oft, dass meine 33-jährige behinderte Tochter insbesondere durch Medizin- und anderes Dienstleistungspersonal einfach geduzt und wie ein Kind, also respektlos, behandelt wird. Wie soll ich reagieren?

Ob Arztpraxis, Optikergeschäft oder Friseursalon, allen ist etwas gemeinsam: Es sind Dienstleister, die Hilfe anbieten beziehungsweise einen Dienst verkaufen. Ist der Dienstleistungsgedanke verinnerlicht, sind sie bemüht, in allen Phasen des Dienstleistungsprozesses die Patienten oder Kundinnen spüren zu lassen, dass sie und ihre Bedürfnisse im Moment das Wichtigste sind. Nur indem sich der Kunde oder die Kundin ernst genommen fühlt, lässt sich eine wahre Kundenzufriedenheit herstellen

Die Begrüßungssequenz ist wegweisend. Hier findet das zwischenmenschliche Warm-up statt, und es entscheidet über den Verlauf des Kundenkontakts. In unserer Kultur sind wir es gewohnt, Blickkontakt zu suchen, die Kundin mit einer Anrede, sofern bekannt mit Namen anzusprechen und sich nach deren Wunsch zu erkundigen.

Manche Kunden und Kundinnen lassen sich aufs Erste nicht so leicht «lesen», sei es, weil ihr Alter schlecht abschätzbar ist, oder aufgrund ihrer Art oder ihres persönlichen Ausdrucks. Beeinträchtigte Menschen beispielsweise wirken oft kleiner und jünger, als sie tatsächlich sind, haben vielleicht Probleme in der Wortfindung oder verhalten sich beziehungsweise sprechen wie Kinder. Es kann auch vorkommen, dass sie dem Blickkontakt, den wir zur Rückmeldung suchen, ausweichen, um nicht von der Mimik des Gesprächspartners abgelenkt zu werden und ihm folgen zu können. Dieses Verhalten kann uns als Dienstleistende irritieren, den Eindruck von Unsicherheit erwecken und zur Du-Ansprache verleiten.

Auch wenn das «Du» oft mit einer gewissen Nähe, Vertrautheit und Verbundenheit assoziiert wird, ist es insbesondere bei einem ersten Kontakt unpassend. Höflich und respektvoll ist es, einem Kunden oder einer Kundin – egal ob beeinträchtigt oder nicht – mit Respekt, Einfühlung und Geduld zu begegnen, und dies bringt der Dienstleister zuallererst mit einer Sie-Anrede zum Ausdruck. Im Zweifelsfall bietet es sich an, die Kundin zu fragen, wie sie angesprochen werden möchte. Dies gilt auch, wenn die beeinträchtigte Person in erwachsener Begleitung ist. Fragt sich nun, wie Sie als Begleitperson reagieren können.

Im Folgenden finden Sie dazu ein paar Hinweise.

KURZ UND KNAPP
— Eine falsche Einschätzung des Dienstleistungspersonals kann zu einer Du-Ansprache verleiten.
— Falls die Du-Ansprache nicht gewünscht wird, darf kurz und bestimmt darauf hingewiesen werden.

WEB
— Tixi (o. J.): 10 Tipps: Respektvoller Umgang mit Menschen mit Behinderungen.
— Parität Hessen (2013): 10 Tipps für den respektvollen Umgang mit behinderten Menschen.

Tixi
https://tixi.ch/respektvoller-umgang-menschen-behinderung/

Parität Hessen
https://www.paritaet-hessen.org/fileadmin/redaktion/Texte/Aktuelles__Slider_/Zehn_Knigge-Tipps_Web_bfkp20130926__2_.pdf

LÖSUNGSSTRATEGIEN

Kurzen Hinweis geben
Weisen Sie das Personal ruhig und bestimmt, jedoch mit einem Lächeln darauf hin: «Würde es Ihnen etwas ausmachen, meine Tochter zu siezen? Vielen Dank.» Halten Sie sich bewusst kurz und knapp. Das hat Wirkung!

Hinweis wiederholen
Wird Ihre Tochter bei einem Folgetermin wiederum mit «Du» angesprochen, wiederholen Sie ruhig und klar: «Ich bin irritiert. Ich habe Sie das letzte Mal darauf hingewiesen, dass meine Tochter gesiezt werden möchte. Bitte respektieren Sie dies und vermerken Sie es in den Unterlagen. Danke schön.»

Vorgesetzte Person verlangen
Falls Ihrem Wunsch weiterhin nicht nachgekommen wird, verlangen Sie die vorgesetzte Person. Reklamation ist schließlich Sache des Chefs oder der Chefin.

Gesprächsführung übernehmen
Eine weitere Möglichkeit ist, im Begrüßungsritual die Gesprächsführung zu übernehmen. Stellen Sie sich und Ihre Tochter vor: «Guten Tag. Ich bin die Begleitperson von Frau Müller. Frau Müller ist zur Arztkontrolle angemeldet.»

ERKENNTNISSE FÜR MICH

> Achtsamkeit bedeutet, behutsam sein mit sich selbst und allen Geschöpfen dieser Erde.
> Roswitha Bloch

ZUSATZMATERIAL
— Übung «Ich-Botschaften»
— Übung «4B-Modell»

7.7 WIE KANN ICH IN HEIKLEN SITUATIONEN ZIVILCOURAGE ZEIGEN?

> **Kürzlich spätabends im Zug: Zwei junge Männer setzten sich zu einer jungen Frau in meiner Nähe und stellten ihr anzügliche Fragen. Sie waren sichtlich angeheitert. Die junge Frau war verängstigt und sagte gar nichts. Wie hätte ich der jungen Frau in dieser heiklen Situation beistehen können, ohne eine Eskalation zu riskieren?**

Hinschauen und handeln statt wegsehen und schweigen. Das ist Zivilcourage. Ein mutiges Handeln, das sich an unseren demokratischen und zivilgesellschaftlichen Grundwerten wie Gerechtigkeit, Respekt und Anstand orientiert. Ein Mensch, der Zivilcourage zeigt, greift freiwillig in eine Situation ein, ist also nicht von vornherein selbst das Opfer eines Angriffs. Er zeigt sich solidarisch, kommt dem eigentlichen Opfer in der Not zu Hilfe und versucht, den Angreifer oder die Angreiferin abzuwehren.

Ohne Menschen mit Zivilcourage wären die Werte unserer Gesellschaft schnell bedroht. Sagen wir nichts, signalisieren wir, dass Aussagen oder Handlungen in Ordnung sind. Wir erschaffen eine normative Realität. Das sollten wir nicht zulassen. Zudem: Wenn wir selbst nicht mutig vorangehen, für etwas einstehen oder jemanden verteidigen, dann setzt der sogenannte Bystander-Effekt (Zuschauer-Effekt) ein. Alle denken, die anderen sollen handeln. Wir nehmen uns aus der Verantwortung, insbesondere, wenn die Situation als gefährlich wahrgenommen wird und wir befürchten, physisch verletzt zu werden. Doch um uns nicht Hals über Kopf in Gefahr zu bringen, können wir grundsätzliche Regeln der Deeskalation, im Sinne eines kalkulierten Risikos, berücksichtigen.

Im Folgenden finden Sie einige grundsätzliche Regeln der Deeskalation.

KURZ UND KNAPP
— Zivilcourage ist hinschauen und handeln statt wegsehen und schweigen.
— Ohne Menschen mit Zivilcourage wären die Werte unserer Gesellschaft schnell bedroht. Sagen wir nichts, signalisieren wir, dass Aussagen oder Handlungen okay sind.
— Greifen wir ein, sollten wir unbedingt vorher Lage und Gefahr einschätzen. Zeigen Sie Respekt und holen Sie im Zweifelsfall Hilfe von außen.

WEB
— Schweizerische Kriminalprävention (2014): Zivilcourage. Bitte misch dich ein!
— Psychologisches Institut Universität Zürich (o. J.): Zivilcourage.

— alpha Lernen (2021): Was ist Zivilcourage? Youtube-Video.
— Spiegel (2020): Helfen oder Wegschauen? Mut zur Zivilcourage. Youtube-Video.

Schweizerische Kriminalprävention
www.skppsc.ch/de/wp-content/uploads/sites/2/2020/02/zivilcourage_dt.pdf

Psychologisches Institut Universität Zürich
www.psychologie.uzh.ch/de/bereiche/sob/motivation/zivilcourage/zivilcourage.html

alpha Lernen
www.youtube.com/watch?v=JGjFjD3t-aw

Spiegel
www.youtube.com/watch?v=S9PfjbiOkWc

BUCHTIPP
— Jonas, Kai J. / Boos, Margarete / Brandstätter, Veronika (2023): Zivilcourage trainieren! Hogrefe Verlag, Bern.

LÖSUNGSSTRATEGIEN

Zuerst einen Überblick verschaffen
Bevor man eingreift, sollte man sich einen Überblick verschaffen. Wie gefährlich ist die Situation? Sind die involvierten Personen aggressiv und bereits handgreiflich? Wer könnte noch helfen? Kann man die Situation selbst deeskalieren?

Unterstützung suchen
Falls es zu riskant erscheint, allein einzuwirken, kann man nach der Hilfe weiterer Menschen im Waggon suchen, die Bahnpolizei anrufen oder die Notruftaste drücken.

Gefahrlos allein handeln
Beschließt man jedoch, allein in eine Situation einzugreifen, weil man keine Gefahr darin sieht, so könnte man im beschriebenen Fall zu der jungen Frau hingehen und sie fragen, ob sie sich zu einem setzen will. Achten Sie dabei auf Körpersprache und Stimme und nehmen Sie eine aufrechte, ruhige Körperhaltung ein. Setzen Sie den Blickkontakt gezielt ein und sprechen Sie mit ruhiger, tiefer Stimme.

Provokateure um Respekt bitten
Es ist auch möglich, die Provokateure um Respekt gegenüber der jungen Frau zu bitten. Sie sollten die Provokateure nicht duzen, sondern siezen, um selbst respektvoll vorzugehen. Das hält auch psychisch auf Distanz. Reagiert man wütend, brüllt oder greift selbst mit Worten an, eskaliert die Situation. Ruhig bleiben und Abstand halten ist geboten.

Strategien zurechtlegen und üben
Wir können den bewussten Umgang mit Ungerechtigkeiten üben. Wenn wir uns hier und jetzt Strategien zurechtlegen, was wir im Einzelfall tun können, steigt die Wahrscheinlichkeit, dass wir im Notfall auch handeln. Zivilcourage benötigt keine Ausnahmesituation. Auch im Alltag gibt es Situationen, die ein Eingreifen nach dem Motto «einer für alle, alle für einen» erfordern.

ERKENNTNISSE FÜR MICH

NOTIZEN
KAPITEL 7

LITERATUR

MONOGRAFIEN

Aderkas, Friederike von (2022): *Wutkraft. Energie gewinnen. Beziehungen beleben. Grenzen setzen.* Beltz Verlag, Weinheim.

Albrecht, Thomas W. (2023): *Besser streiten. Wie du dich bei Konflikten ruhig und sachlich durchsetzt.* Goldegg Verlag, Wien.

Ambauen, Felizitas / Meyer Sabine (2023): *Beziehungskosmos.* Arisverlag, Embrach.

Bastian, Johannes / Combe, Arno / Langer, Roman (2016): *Feedback-Methoden. Erprobte Konzepte, evaluierte Erfahrungen.* Beltz Verlag, Weinheim.

Berckhan, Barbara (2020): *Souverän Nein sagen. Drei Schritte zur Abgrenzung.* Kösel Verlag, München.

Bodenmann, Guy / Fux, Caroline (2015): *Was Paare stark macht. Das Geheimnis glücklicher Paare.* Beobachter Verlag, Zürich.

Bossart, Yves (2022): *Trotzdem lachen. Eine kurze Philosophie des Humors.* Blessing Verlag, München.

Brooks, Felicity (2022): *Sorgen und Ängste. So schaffe ich das!* Usborne, London.

Brown, Brené (2017): *Verletzlichkeit macht stark. Wie wir unsere Schutzmechanismen aufgeben und innerlich reich werden.* Goldmann Verlag, München.

Bruno, Tiziana / Adamczyk, Gregor (2018): *Körpersprache. Taschen Guide.* Haufe Verlag, Berlin.

Burgdörfer, Ludwig / Kuhm, Marthe (2023): *Trauern braucht seine Zeit.* Brunnen Verlag, Gießen.

Carnegie, Dale (2011): *Sorge dich nicht, lebe!* Fischer Verlag, Frankfurt.

Croos-Müller, Claudia (2012): *Nur Mut! Das kleine Überlebensbuch. Soforthilfe bei Herzklopfen, Angst, Panik & Co.* Kösel Verlag, München.

Croos-Müller, Claudia (2017): *Alles gut. Das kleine Überlebensbuch. Soforthilfe bei Belastung, Trauma & Co.* Kösel Verlag, München.

Croos-Müller, Claudia (2023): *Halt! Das kleine Überlebensbuch. Soforthilfe bei Krise, Verzweiflung, Ausrastern & Co.* Kösel Verlag, München.

Döpfner, Ulrike (2019): *Der Zauber guter Gespräche. Kommunikation mit Kindern, die Nähe schafft.* Beltz Verlag, Weinheim.

Edlund, Jan Roy (2016): *Monkey Management: Wie Manager in weniger Zeit mehr erreichen.* HRI Human Resources International AG, Küsnacht.

Eggler, Anitra (2019): *Das Digital Detox Buch.* Like Publishing, k. A.

Ertl, Birgit (2022): *Beziehung statt Erziehung. Wie Kinder und Eltern aneinander wachsen.* Neue Erde, Saarbrücken.

Falkenberg, Irina / McGhee, Paul / Wild, Barbara (2021): *Humorfähigkeiten trainieren. Manual für die psychiatrisch-psychotherapeutische Praxis.* Schattauer Verlag, Stuttgart.

Fleisch, Sabrina (2022): *Sei stärker als die Angst. Ein Arbeitsbuch, das dein Leben verändern wird.* Ullstein Allegria Verlag, Berlin.

Franz, Margrit (2021): *Umgang mit Tod, Verlust und Trauer. 33 Fotokarten.* Don Bosco Verlag, München.

Freiherr von Knigge, Moritz (2020): *50 Fragen an Knigge zum Thema Smartphone.* Moses Verlag, Kempen.

Gabrisch, Jochen (2020): *Führungsinstrument Mitarbeiterkommunikation.* managerSeminare Verlag, Bonn.

Grün, Anselm (2014): *Was der Seele gut tut.* Herder Verlag, Freiburg im Breisgau.

Grün, Anselm (2014): *Trauern heisst lieben. Unsere Beziehung über den Tod hinaus leben.* Herder Verlag, Freiburg.

Grün, Anselm (2020): *Was will ich? Mut zur Entscheidung.* Vier Türme Verlag, Schwarzach am Main.

Hanh, Thich Nhat (2019): *Achtsam sprechen, achtsam zuhören. Die Kunst der bewussten Kommunikation.* Knaur, München.

Herrmann, Peter (2018): *Konflikte bewältigen, Blockaden überwinden. Systemische Lösungen für die Schule.* Beltz Verlag, Weinheim.

Hipp, Barbara (2001): *Stressbewältigung – fit in 30 Minuten.* GABAL Verlag, Offenbach am Main.

Hohensee, Thomas (2012): *Glücklich wie ein Buddha. Sechs Strategien, alle Lebenslagen zu meistern.* dtv Verlag, München.

Hottinger-Streuli, Norah H. / Frei-Birrer Andrea (2016): *Pausen-Kultur. Kreative und kraftvolle Pausen machen die Arbeit erst effizient!* BoD – Books on Demand, Norderstedt.

Hühn, Susanne (2021): *Ich lasse Deines bei dir. Schluss mit toxischen Beziehungen und Co-Abhängigkeit.* Schirner Verlag, Darmstadt.

Hüls, Erna (2019): *Ein Coach für alle Fälle. Lösungen fürs Leben.* Kamphausen Media, Bielefeld.

Jacob, Gitta (2020): *Raus aus dem Schema F.* Beltz Verlag, Weinheim.

Jonas, Kai J. / Boos, Margarete / Brandstätter, Veronika (2023): *Zivilcourage trainieren!* Hogrefe Verlag, Bern.

Kabat-Zinn, Jon (2020): *Achtsamkeit für Anfänger.* Arbor Verlag, Freiburg.

Kanitz, Anja von (2020): *Feedbackgespräche.* Taschen Guide, Haufe Verlag, Berlin.

Kern, Andrea (2022): *Kartenset Moderne Korrespondenz.* Orell Füssli Verlag, Zürich

Kessler, Martina / Hübner, Michael (2016): *Von Kritik lernen ohne verletzt zu sein.* Brunnen Verlag, Giessen.

Kishimi, Ichiro / Koga, Fumitake (2018): *Du musst nicht von allen gemocht werden. Vom Mut, sich nicht zu verbiegen.* Rowohlt Taschenbuch, Hamburg.

Kleber, Barbara (2016): *Knigge für jeden Tag. Richtiges Benehmen, Zeitgemässe Umgangsformen.* Humboldt Verlag, Hannover.

Knigge, Adolph Freiherr von (2014): *Knigge – über den Umgang mit Menschen.* Nikol Verlag, Hamburg.

Koch, Christoph (2021): *Digitale Balance. Mit smarter Handynutzung leichter leben.* Heyne Verlag, München.

Koch, Robert G. (2020): *Der Schlüssel zum Gehirn – nutze dein Potenzial.* Beobachter, Zürich.

Kühne de Haan, Lelia (2023): *Ja, aber ... Die heimliche Kraft alltäglicher Worte und wie man durch bewusstes Sprechen selbstbewusster wird.* Nymphenburger Verlag, München.

Ledergeber, Ivo / Keller, Martin (2021): *Mitarbeiter führen.* KLV Verlag, Schaffhausen.

Löhken, Sylvia (2016): *Intro, Extro oder Zentro? 30 Minuten.* GABAL Verlag, Offenbach am Main.

Merkle, Rolf (2001): *So gewinnen Sie mehr Selbstvertrauen. Sich annehmen, Freundschaft mit sich schließen, den inneren Kritiker zähmen.* PAL Verlag, München.

Merkle, Rolf (2019): *Lass dir nicht alles gefallen. Keine Angst, nein zu sagen, deine Meinung zu äußern, zu kritisieren, vor Kritik.* PAL Verlag, München.

Miller, Reinhold (2013): *Frei von Erziehung, reich an Beziehung. Plädoyer für ein neues Miteinander.* Centaurus Verlag, Freiburg.

Modler, Peter (2018): *Das Arroganz-Prinzip. So haben Frauen mehr Erfolg im Beruf.* Fischer Verlag, Frankfurt.

Modler, Peter (2022): *Wenn Höflichkeit reinhaut.* Campus Verlag, Frankfurt.

Nöllke, Matthias (2015): *Entscheidungen treffen. Schnell, sicher, richtig. TaschenGuide.* Haufe Verlag, Berlin.

Nöllke, Matthias (2016): *Vertrauen im Beruf.* Haufe Verlag, Berlin.

Onnasch, Klaus / Gast, Ursula (2019): *Trauern mit Leib und Seele. Orientierung bei schmerzlichen Verlusten.* Klett Cotta Verlag, Stuttgart.

Perry, Philippa (2022): *Das Buch, von dem du dir wünscht, deine Eltern hätten es gelesen.* Ullstein Verlag, Berlin.

Petermann, Franz (2013): *Psychologie des Vertrauens.* Hogrefe Verlag, Göttingen.

Pöhm, Matthias (2015): *Das NonPlusUltra der Schlagfertigkeit. Die besten Techniken aller Zeiten.* Mvg Verlag, München.

Pöhm, Matthias (2012): *Schlagfertigkeit auf dem Schulhof. Wie man Großmäulern clever Paroli bietet.* Pöhm Seminarfactory, Bonstetten.

Priess, Mirriam (2022): *Raus aus der Selbstblockade. Wie wir unserem Leben eine neue Richtung geben.* Goldmann Verlag, München.

Psychologie heute compact 64 (2021): *Trauer und Verlust. Was wir verlieren – wie wir trauern – was uns tröstet.* Beltz Verlag, Weinheim.

Radecki, Monika (2022): *Nein sagen. Die besten Strategien. TaschenGuide.* Haufe Verlag, Berlin.

Reichhart, Tatjana (2019): *Das Prinzip Selbstfürsorge. Wie wir Verantwortung für uns übernehmen und gelassen und frei leben. Roadmap für den Alltag.* Kösel Verlag.

Rosenberg, Marshall B. (2016): *Gewaltfreie Kommunikation. Eine Sprache des Lebens.* Junfermann Verlag, Paderborn.

Rosenberg, Marshall B. (2023): *Konflikte lösen durch Gewaltfreie Kommunikation.* Herder Verlag, Freiburg im Breisgau.

Rossa, Robert / Rossa, Julia (2018): *SOS-Gefühlschaos. 100 Übungen mit starken Gefühlen. Kartenset.* Beltz Verlag, Weinheim

Rust, Serena (2006): *Wenn die Giraffe mit dem Wolf tanzt. Vier Schritte zu einer einfühlsamen Kommunikation.* Koha, Dorfen.

Ryborz, Heinz (2019): *Geschickt kontern: Nie mehr sprachlos.* Walhalla Verlag, Regensburg.

Schaffer-Suchomel, Joachim / Krebs, Klaus (2020): *Du bist, was du sagst. Was unsere Sprache über unsere Lebenseinstellung verrät.* MVG Verlag, München.

Scharnhorst, Julia (2017): *Pausen machen munter. Kraft tanken am Arbeitsplatz. TaschenGuide.* Haufe Verlag, Freiburg.

Scheurl-Defersdorf, Mechthild R. / Stockert Theodor (2022): *Sprache und Wirkung. Das Praxisbuch für erfolgreiche Kommunikation.* Lingva Eterna Verlag, Erlangen.

Scheurl-Defersdorf, Mechthild R. (2023): *Die Kraft der Sprache – 40 Karten für Pädagogen.* Lingva Eterna, Erlangen.

Schoenaker, Theo (2017): *Mut tut gut. Für eine bessere Lebensqualität.* RDI Verlag, Speyer.

Schneider-Flaig, Silke (2022): *Der neue große Knigge. Richtige Umfangsformen privat und im Beruf.* Circon Verlag, München.

Schoenaker, Theo / Schoenaker, Julitta / Platt, John M. (2007): *Die Kunst, als Familie zu leben.* Herder Verlag, Freiburg im Breisgau.

Sher, Barbara (2011): *Ich könnte alles tun, wenn ich nur wüsste, was ich will.* dtv Verlag, München.

Stahl, Bob (2013): *CD Achtsamkeitstraining Sorgen, Angst und Panik.* Arbor Verlag, Freiburg.

Stokar, Christoph (2019): *Der Schweizer Knigge.* Beobachter Edition, Zürich.

Tannen, Deborah (2003): *Du kannst mich einfach nicht verstehen. Warum Männer und Frauen aneinander vorbeireden.* Goldmann Verlag, München.

Voigt, Daniel (2022): *Ängste, Panik, Sorgen.* Carl Auer Verlag, Heidelberg.

Wardetzki, Bärbel (2005): *Mich kränkt so schnell keiner mehr! Wie wir lernen, nicht alles persönlich zu nehmen.* dtv Verlag, München.

Ware, Bronnie (2015): *5 Dinge, die Sterbende am meisten bereuen.* Goldmann Verlag, München.

Wawrzinek, Ursula (2013): *Vom Umgang mit sturen Eseln und beleidigten Leberwürsten.* Klett Cotta-Verlag, Stuttgart.

Wawrzinek, Ursula / Schauer, Annette (2013): *Was tun, wenn es brennt? Neue Strategien gegen Burnout.* Klett Cotta Verlag, Stuttgart.

Wolf, Doris (2022): *Ab heute kränkt mich niemand mehr. 101 Power-Strategien, um Zurückweisung und Kritik nicht mehr persönlich zu nehmen.* PAL Verlag, München.

Wolfers, Melanie (2020): *Entscheide dich und lebe! Von der Kunst eine kluge Wahl zu treffen.* Bene Verlag, Altenberg

Wüest, Irène (2021): *Was sagen Sie, wenn …? So gelingen schwierige Gespräche.* hep Verlag, Bern.

o. V. (2024): *Für Stress fehlt mir die Zeit.* Eulenspiegel Verlag, Berlin.

ONLINEQUELLEN

alpha Lernen (2021): *Youtube-Video: Was ist Zivilcourage?* Verfügbar unter: www.youtube.com/watch?v=JGjFjD3t-aw [13.01.2024].

Arbeits-Abc.de (2023): *Hör auf, so oft «Entschuldigung» zu sagen.* Verfügbar unter: https://arbeits-abc.de/hoer-auf-so-oft-entschuldigung-zu-sagen/ [13.01.2024].

Bewerbung.co (o. J.): *Ausstand geben: So gelingt er Ihnen am besten.* Verfügbar unter: https://bewerbung.co/ausstand [13.01.2024].

Bligg (2018): *Ja, aber – Song.* Verfügbar unter: hwww.youtube.com/watch?v=vA6J7lxgWBA [13.01.2024].

Brüning, Wilfried (o. J.): *Wege aus der Brüllfalle. Wenn Eltern sich durchsetzen müssen.* Verfügbar unter: www.brueningfilm.de/filme/wege-aus-der-brullfalle-elternversion [13.01.2024].

Buhl, Gina (2022): *Glückliche Paare streiten nicht weniger, aber anders.* Verfügbar unter: www.srf.ch/wissen/mensch/4-fakten-zu-beziehungszoff-glueckliche-paare-streiten-nicht-weniger-aber-anders [13.01.2024].

Career Academy (o. J.): *Heikle Fragen im Bewerbungsgespräch meistern.* Verfügbar unter: www.career-academy.de/tipps/bewerbung/heikle-fragen-im-bewerbungsgespraech-meistern [13.01.2024].

Cerruti, Franca (2021): *Psychologie to go – Gut gemeint ist nicht gut gemacht.* Verfügbar unter: https://psychologie-to-go.podigee.io/s2e17-gut-gemeint-ist-nicht-gut-gemacht [13.01.2024].

Cuddy, Amy (2012): *TED-Talk: Ihre Körpersprache beeinflusst, wer Sie sind.* Verfügbar unter: www.ted.com/talks/amy_cuddy_your_body_language_may_shape_who_you_are?language=de [13.01.2024].

Cuddy, Amy (2011): *Youtube-Video: Power Poses.* Verfügbar unter: www.youtube.com/watch?v=phcDQ0H_LnY [13.01.2024].

Deutschlandfunk (2023): *Prokrastination: Was hilft gegen Aufschieberitis?* Verfügbar unter: www.deutschlandfunk.de/prokrastination-aufschieberitis-prokrastinieren-aufschieben-hilfe-100.html [13.01.2024].

directpoint.ch (o. J.): *Korrespondenz heute: Briefe zeitgemäss formulieren.* Verfügbar unter: www.directpoint.ch/de/kampagnenprozess/textentwicklung/korrespondenz-heute. [13.01.2024].

Edlund, Jan Roy (2010): *Führungsproblem Rückdelegation: Mehr Zeit für Chefaufgaben.* Verfügbar unter: www.managerseminare.de/ms_Artikel/Fuehrungsproblem-Rueckdelegation-Mehr-Zeit-fuer-Chefaufgaben,200201 [13.01.2024].

Epprecht, Michèle (2018): *Vorstellungsgespräch: Heikle Fragen.* Verfügbar unter: www.beobachter.ch/arbeit/stellensuche/heikle-fragen-14787 [13.01.2024].

Erzieherkanal (2022): *Youtube-Video: Aktives Zuhören nach Carl Rogers – die 7 Techniken einfach erklärt mit Beispielen.* Verfügbar unter: www.youtube.com/watch?v=PJklq_88PPs [13.01.2024].

Erzieherkanal (o.J.): *Ich Botschaften und Du Botschaften.* Verfügbar unter: www.erzieherkanal.de/ichbotschaftendubotschaften [13.01.2024].

Erziehertraum (2023): *Youtube-Video: Ich-Botschaften & Du-Botschaften.* Verfügbar unter: www.youtube.com/watch?v=KPl34DscstE abgerufen am 13.01.24

Geisler, Sara (2021): *Humor ist ein Mittel, um zu verführen. Interview mit Humorexperten Willibald Ruch.* Verfügbar unter: www.fluter.de/funktion-humor-interview-willibald-ruch [13.01.2024].

Götsch, Antonia (2020): *Monkey Business: Diese 4 Chef-Typen tappen in die Rückdelegationsfalle.* Verfügbar unter: www.impulse.de/personal/monkey-business/7311483.html [13.01.2024].

Grüttefien, Sven (2018): *Der Narzisst hält seinen Partner klein.* Verfügbar unter: https://umgang-mit-narzissten.de/narzissten-halten-ihren-partner-klein/ [13.01.2024].

Happiness.com (o. J.): *5 Tipps für einen liebevollen Jahresrückblick und einen optimistischen Start ins neue Jahr.* Verfügbar unter: www.happiness.com/magazin/inspiration-spiritualit%C3%A4t/jahresr%C3%BCckblick-guter-start-ins-neue-jahr/ [13.01.2024].

Haufe (2022): Homeoffice: Sehnsucht nach den Kollegen. Verfügbar unter: www.haufe.de/arbeitsschutz/gesundheit-umwelt/homeoffice-sehnsucht-nach-den-kollegen_94_558474.html [13.01.2024].

Hofer, Julia (2023): *Benimmregeln beim Niesen «In einen Pulli niesen?!».* Verfügbar unter: www.beobachter.ch/gesundheit/medizin-krankheit/nies-knigge-ins-taschentuch-oder-doch-in-die-armbeuge-niesen-wie-man-sich-beim-niesen-am-besten-verhalt-571281 [13.01.2024].

K. Schweizer AG (o. J.): *Entscheidungen treffen.* www.ksag.ch/fileadmin/ksag/documents/UEber_uns/Broschueren/Entscheidungen_treffen.pdf [13.01.2024].

Kerr, Jasmine / Meins, Erika von NZZ (2022): *Home-Office: Da fehlt doch etwas?* Verfügbar unter: www.nzz.ch/meinung/home-office-da-fehlt-doch-was-ld.1669872?reduced=true [13.01.2024].

Knill, Markus (o. J.): Gesprächsführung: Das Ziel steht im Vordergrund. Verfügbar unter: www.rhetorik.ch/Aktuell/06/02_25/gespraech.pdf [13.01.2024].

Kowalski, Susanne (o. J.): *Souveräner Umgang mit Konflikten im Verein | 5 Konflikte erkennen und lösen*. Verfügbar unter: www.haufe.de/lexware-der-verein-professional/souveraener-umgang-mit-konflikten-im-verein-5-konflikte-erkennen-und-loesen_idesk_PI11797_HI15665151.html [13.01.2024].

Kratzer, Anne (2021): *Narzissmus*. Verfügbar unter: www.psychologie-heute.de/leben/artikel-detailansicht/41618-narzissmus.html [13.01.2024].

Kreuter, Dirk (2019): *Youtube-Video: Gedächtnistraining – Gehirnjogging – Gehirntraining mit Gregor Staub*. Verfügbar unter www.youtube.com/watch?v=rJkmKiX2xYU [13.01.2024].

Landsteiner, Anika (2024): *Sorry not Sorry. Über weibliche Scham*. Argon Hörbuch. Verfügbar unter: www.argon-verlag.de/hoerbuch/anika-landsteiner-sorry-not-sorry-9783732474233 [13.01.2024].

Lehrerfortbildung Baden-Württemberg (o. J.): *Türöffner für Gespräche*. Verfügbar unter: https://lehrerfortbildung-bw.de/st_if/bs/if/beziehungsgestaltung/arbeitsblaetter/beratung/ab12/arbeitsblatt12.pdf [13.01.2024].

Lynen, Patrick (2018): *Auftrittsangst besiegen: Mit mehr Selbstbewusstsein vor Menschen sprechen*. Hörbuch. Verfügbar unter: https://patricklynen.com/ [12.03.2024]

Maeck, Stefanie (2023): *Vom Glück des Gebens: Was Philosophie und Psychologie über das Schenken lehren*. Verfügbar unter: https://www.geo.de/wissen/gesundheit/was-philosophie-und-psychologie-ueber-das-schenken-wissen--34297442.html [13.01.2024].

Mai, Jochen (2022): *Handy-Knigge: 13 kluge Regeln für Arbeitsplatz + Schule*. Verfügbar unter: https://karrierebibel.de/handy-knigge/ [13.01.2024]

Mai, Jochen (2023): *Ausstand geben: Das müssen Sie beachten*. Verfügbar unter: https://karrierebibel.de/ausstand/ [13.01.2024]

Mai, Jochen (2023): *Zielvereinbarung: Beispiele, Formulierungen, Gratis-Vorlagen*. Verfügbar unter: https://karrierebibel.de/zielvereinbarung/ [13.01.2024].

Metz, Christian (2011): *Die vielen Gesichter der Trauer: Anregungen zum Umgang mit Trauer und Trauernden*. Verfügbar unter: https://psychotherapie-wissenschaft.info/article/view/218/380 [13.01.2024]

Meyer, Norina (2023): *Wie geht man mit Trauernden um?* Verfügbar unter: www.beobachter.ch/todesfall/wie-geht-man-mit-trauernden-um-617254 [13.01.2024]

Mit-Kindern-lernen.ch (o. J.): *Pausen und Erholung*. Verfügbar unter: www.mit-kindern-lernen.ch/lernen-kinder/pausen-und-erholung/130-rechtzeitig-pausen-einlegen [13.01.2024].

Mysorekar, Sheila (2020): *Dankbarkeit: Wenn geben und nehmen zum Machtspiel wird*. Verfügbar unter: www.deutschlandfunkkultur.de/dankbarkeit-wenn-geben-und-nehmen-zum-machtspiel-wird-100.html [13.01.2024].

Ottonova (o. J.): *Power Posing Übungen: Erfolg durch Körpersprache*. Verfügbar unter: www.ottonova.de/gesund-leben/mentales-training/power-posing-koerperhaltung [13.01.2024].

Parität Hessen (2013): *10 Tipps für den respektvollen Umgang mit behinderten Menschen*. Verfügbar unter: www.paritaet-hessen.org/fileadmin/redaktion/Texte/Aktuelles__Slider_/Zehn_Knigge-Tipps_Web_bfkp20130926__2_.pdf [13.01.2024].

Paszek, Rainer (2020): *Mitarbeiter- und Feedbackgespräche professionell führen*. Verfügbar unter: https://hrtoday.ch/de/article/mitarbeiter-und-feedbackgespraeche-professionell-fuehren [13.01.2024].

Personio (o. J.): *Feedbackgespräche und was sie nicht sein sollen*. Verfügbar unter: www.personio.ch/hr-lexikon/feedbackgespraeche-und-was-sie-nicht-sein-sollen/ [13.01.2024].

Plutte, Doro (2019): *Youtube-Video: Ähm ... Also ... Genau! Wie wir Füllwörter loswerden*. Verfügbar unter: www.youtube.com/watch?v=K_lhbrqk1lM [13.01.2024].

Pöhm, Matthias (2018): *Kontern leicht gemacht: So wirst du rhetorisch unbesiegbar*. Verfügbar unter: www.youtube.com/watch?v=iaxHkaUmSqI [13.01.24].

Psychologisches Institut Universität Zürich (o. J.): *Zivilcourage*. Verfügbar unter: www.psychologie.uzh.ch/de/bereiche/sob/motivation/zivilcourage/zivilcourage.html [13.01.2024].

Radio SRF 1 (2023): *Tipps im Umgang mit Trauernden*. Verfügbar unter: www.srf.ch/radio-srf-1/hilfe-fuer-hinterbliebene-tipps-im-umgang-mit-trauernden [13.01.2024].

Ritterstaedt, Jan (2023): *Hilfs-App gegen Lampenfieber und Auftrittsangst: «Stage:Cool»*. Verfügbar unter: www.swr.de/swr2/musik-klassik/konzerteindruecke-und-auftrittsangst-die-app-stagecool-100.html [13.01.2024].

Rosenauer, Vera (2022): *Kinder ermutigen statt loben – so stärkst du dein Kind wirklich*. Verfügbar unter: www.abenteuer-erziehung.at/kinder-ermutigen-statt-loben-so-staerkst-du-dein-kind-wirklich/ [13.01.2024].

Ruch, Willibald (2020): *Humor. Eine kleine Einführung*. Verfügbar unter: https://ojs.szh.ch/zeitschrift/article/view/902 [12.03.2024].

Schmid, Wilhelm (2019): *Vom Geben und Nehmen: die Kunst des Schenkens*. Verfügbar unter: www.deutschlandfunkkultur.de/vom-geben-und-nehmen-die-kunst-des-schenkens-100.html [13.01.2024].

Schule.org (o. J.): *Ich-Botschaften*. Verfügbar unter: https://schule.org/themenseite/ich-botschaften-vs-du-botschaften/ [13.01.24].

Schweizerische Kriminalprävention SKP (2014): *Zivilcourage. Bitte misch dich ein!* Verfügbar unter: www.skppsc.ch/de/wp-content/uploads/sites/2/2020/02/zivilcourage_dt.pdf [13.01.2024].

Schweizerischer Verband für Gedächtnistraining (o. J.): *Lernen – Gedächtnis – Training*. Verfügbar unter: https://svgt.swiss/ [13.01.2024].

Senftleben, Ralf (2020): *Ziele finden: Wie finde ich heraus, was ich wirklich will?* Verfügbar unter: https://zeitzuleben.de/ziele-finden/ [13.01.2024].

sekretaria.de (o. J.): *Geschäftsbriefe schreiben – modern und individuell*. Verfügbar unter: www.sekretaria.de/bueroorganisation/korrespondenz/geschaeftsbriefe/ [13.01.2024].

Spiegel (2017): *50 Beispiele für Killerphrasen*. Verfügbar unter: www.spiegel.de/fotostrecke/50-beispiele-fuer-killerphrasen-fotostrecke-146316.html [13.01.2024].

Spiegel (2020): *Youtube-Video: Helfen oder Wegschauen? Mut zur Zivilcourage*. Verfügbar unter: www.youtube.com/watch?v=S9PfjbiOkWc [13.01.2024].

SRF Sternstunde Philosophie (2016): *Ist Achtsamkeit die neue Glücksformel?* Verfügbar unter: www.youtube.com/watch?v=yNi5m-14QMFU [13.01.2024].

SRK Baselland (o. J.): Chili. Konstruktive Konfliktbearbeitung. Verfügbar unter: www.srk-baselland.ch/sites/default/files/18_elterninformation_chili.pdf [13.01.2024].

Staub, Gregor (o. J.): *Gedächtnistraining*. Verfügbar unter: https://gregorstaub.com/gedaechtnistraining/ [13.01.2024].

Steinmann, Claudia (2018): *Youtube-Video: Konkret: Dem Lachen auf der Spur mit Humorforscher Willibald Ruch*. Verfügbar unter: www.youtube.com/watch?v=_r4yQ703pW0 [13.01.2024].

Steger, Mathias (2022): Verfügbar unter: www.jobs.ch/de/job-coach/heikle-fragen-im-bewerbungsgespraech/ [13.01.2024].

Stellenmarkt.de (2023): *Ausstand geben: So bleiben Sie in Erinnerung*. Verfügbar unter: www.stellenmarkt.de/karrieremagazin/ausstand-geben [13.01.2024].

Stil.de (o. J.): *Beschwerde und Reklamation: So kommen Sie diplomatisch und unbürokratisch zu Ihrem Recht*. Verfügbar unter: www.stil.de/business-knigge/beschwerde-und-reklamation-so-kommen-sie-diplomatisch-und-unbuerokratisch-zu-ihrem-recht/ [13.01.2024].

Sutor, Petra (2021): *Umgang mit Trauer im Unternehmen. Richtig Rücksicht nehmen*. Verfügbar unter: www.managerseminare.de/ms_Artikel/Umgang-mit-Trauer-im-Unternehmen-Richtig-Rucksicht-nehmen,282045 [13.01.2024].

Thelly, Reena (2023): *Wege aus dem Dauerstress: Endlich zur Ruhe kommen – die unterschätzte Kraft der Pause*. Verfügbar unter: www.srf.ch/kultur/gesellschaft-religion/wege-aus-dem-dauerstress-endlich-zur-ruhe-kommen-die-unterschaetzte-kraft-der-pause [13.01.2024].

Tempe, Katharina von Glücksdetektiv (2018): *Youtube-Video: Sofort selbstbewusst: 6 Einsteigertipps für mehr Selbstbewusstsein*. Verfügbar unter: www.youtube.com/watch?v=MkMtCo2YHZg [13.01.2024].

Teufert, Gero (o.J.): *Schlagfertigkeit*. Verfügbar unter: https://schlagfertigkeitsblog.de [13.01.2024].

Tixi (o. J.): *10 Tipps: Respektvoller Umgang mit Menschen mit Behinderungen*. Verfügbar unter: https://tixi.ch/respektvoller-umgang-menschen-behinderung/ [13.01.2024].

Toprak, Mehmet (2018): *Pause machen, aber richtig*. Verfügbar unter: www.missmoneypenny.ch/article/ratgeber-richtig-pause-machen [abgerufen am 13.01.2024].

Vereins- und Stiftungszentrum (2020): *Konflikte lösen und gute Entscheidungen treffen*. Verfügbar unter: www.youtube.com/watch?v=orXKGgJebF4 [13.01.2024].

was-tun-bei.ch (o.J.): *Antriebslosigkeit: Ursachen und Symptome*. Verfügbar unter: www.was-tun-bei.ch/erschoepfung/antriebslosigkeit-ursachen-symptome.html [13.01.2024].

Weigand, Wolfgang (2012): *Der Tod macht nicht Halt vor der Firmentüre*. Verfügbar unter: www.hrtoday.ch/de/article/der-tod-macht-nicht-halt-vor-der-firmentuere [13.01.2024].

Weiß, Bertram / Simon, Claus Peter (o. J.): *Wie wir Vertrauen gewinnen – und verhindern, misstrauisch zu werden*. Verfügbar unter: www.geo.de/magazine/geo-wissen/16301-rtkl-psychologie-vertrauen-das-verbindende-gefuehl [13.01.2024].

Welzel, Ulrich (2016): *Der Umgang mit Trauer am Arbeitsplatz*. Verfügbar unter: www.esv.info/aktuell/der-umgang-mit-trauer-am-arbeitsplatz/id/80200/meldung.html [13.01.2024].

Willikonsky, Ariane (2020): *Lampenfieber im Griff mit der BRAVO-Formel*. Verfügbar unter: www.fon-institut.de/lampenfieber-im-griff-mit-der-bravo-formel/ [13.01.2024].

Willikonsky, Ariane (2020): *BRAVO Formel – Lampenfieber reduzieren*. Verfügbar unter: https://ariane-willikonsky.com/bravo-formel-lampenfieber-reduzieren/ [13.01.2024].

Winnemuth, Meike (2019): *Kommunikations-Knigge: Wie und wann man auf Nachrichten reagieren sollte*. Verfügbar unter: www.stern.de/panorama/meike-winnemuth/der-nachrichten-knigge-der-digitalen-kommunikation--8846100.html [13.01.2024].

Wissenschaft.de (o.J.): Die Wirkung des Schenkens. Verfügbar unter: www.wissenschaft.de/gesellschaft-psychologie/die-wirkung-des-schenkens/ [13.01.2024].

Wolf, Doris (2020): Wofür Sie sich nicht entschuldigen müssen. Verfügbar unter: www.palverlag.de/sich-schuldig-fuehlen-entschuldigen.html [13.01.2024].

Wolf, Doris (2023): *Erste-Hilfe Strategien: 8 Tipps bei Enttäuschungen*. Verfügbar unter: www.psychotipps.com/selbsthilfe/enttaeuschung.html [13.01.2024].

Zehnder, Regula (2022): *Aufschieben ist normal: Prokrastination ist keine Diagnose*. Verfügbar unter: www.srf.ch/wissen/mensch/aufschieben-ist-normal-prokrastination-ist-keine-diagnose [13.01.2024].

Zeitblueten.com (2023): *Herablassendes Verhalten: Warum Menschen andere schlechtmachen – 10 Gründe*. Verfügbar unter: www.zeitblueten.com/news/herablassendes-verhalten-menschen-schlechtmachen-runtermachen/ [13.01.2024].

PODCASTS

Inspiriert haben mich folgende Podcasts

Beziehungskosmos

Einfach ganz leben

Einstein

Managerseminare

NZZ Megahertz

Puls

Sternstunde Philosophie

DANK

Bis dieses Buch fertig war, bedurfte es der Inspiration, Weisheit, der Gunst und Unterstützung vieler Menschen. Mein Dank gilt all denen.

— Der Luzerner Zeitung und ihrer Leserschaft. Ohne ihre Offenheit und ihr Vertrauen wären die vielschichtigen Fragen und Antworten in diesem Buch nicht entstanden.
— Meinem langjährigen Mentor und Mutmacher Kari Blöchliger. Du hast mir so viele Werkzeuge für meine Berufung als Mentorin und Coach für Führende vermittelt und mich zu dem Menschen gemacht, der ich heute bin.
— Meinen Inspirationsquellen und Motivatorinnen Erna Hüls und Milena Thöni. Ihr glaubt an mich und mein Wirken.
— Dem ganzen hep-Team für das erneute Vertrauen.
— Larissa Baumann für das ehrliche, sorgfältige und kompetente Lektorat. Ich habe viel über das Bücherschreiben gelernt.
— Beat Gurzeler für das wunderbare Vorwort, das stets offene Ohr, die vielen Tipps und Tricks, die zum Gedeihen dieses Buches beigetragen haben.
— Meinen Coachees, die ebenfalls mit ihren Fragestellungen und Lebensthemen das Fundament für dieses Buch geschaffen haben.
— Meiner Familie für die Liebe, den Rückenwind, insbesondere wenn ich am Zweifeln war.
— Meiner wunderbaren Tochter Leandra, die mich mit ihrem wachsamen Auge beim Korrekturlesen tatkräftig unterstützt hat.

Vor allem danke ich Ihnen, liebe Leserinnen und liebe Leser, für Ihr ehrliches Interesse an meiner Arbeit. Sie sind der Grund, weshalb ich dieses Buch geschrieben habe.

Ich sage ihnen allen von ganzem Herzen DANKE für die große Unterstützung, die Wertschätzung und das Wohlwollen. Ich mache mit Freude weiter!

> Kleine Dinge mit großer Liebe tun
> Es geht nicht darum, wie viel wir tun,
> sondern darum, mit wie viel Liebe wir etwas tun.
> Und es geht nicht darum, wie viel wir geben,
> sondern darum, mit wie viel Liebe wir etwas geben.
> Für Gott gibt es keine kleinen Dinge.
> **Mutter Theresa**

DAS BIN ICH – DIE AUTORIN

Ich bin ein lebensfroher Mensch, neugierig, wissensdurstig und lernfreudig.

Ich studierte Soziologie und Sozialpsychologie sowohl an der Universität Zürich als auch an der University of California, Berkeley.

Diverse Aus- und Weiterbildungen folgten: So vertiefte ich mich in den Themenbereichen Organisationsentwicklung, Selbstmanagement, Kommunikationspsychologie, Positive Psychologie, Rhetorik, Führung, Konfliktmanagement und mehr. Aktuell bilde ich mich in der Existenzanalyse und Schemaarbeit weiter.

Diese Vielfalt und Fülle macht mich aus.

Seit 2002 unterstütze ich Unternehmen in der Organisations- und Persönlichkeitsentwicklung und biete umfassendes Coaching mit Blick auf das Ganze für Führungskräfte und Teams an.

Zudem gebe ich mein Wissen und meine Erfahrungen als Dozentin an der Höheren Fachschule in Luzern, an diversen Weiterbildungsstätten in der deutschsprachigen Schweiz sowie als Keynote-Speakerin weiter.

Und seit mehr als 15 Jahren schreibe ich für die CH-Medien Ratgeberbeiträge zur Stärkung der persönlichen Handlungskompetenz. Im November 2021 habe ich hierzu mein erstes Buch «Was sagen Sie, wenn ... ? – So gelingen schwierige Gespräche» beim hep Verlag herausgegeben.

Ich bin Luzernerin, verheiratet und Mutter zweier erwachsener Töchter.

Positive Menschen, der bereichernde Austausch auf Augenhöhe und Herausforderungen inspirieren mich genauso wie die vier Jahreszeiten, das Lesen von Fachliteratur, das Besteigen von Berggipfeln, radeln durch die Landschaft und Yoga.

www.irenewuest.ch
info@irenewuest.ch

Irène Wüest

Was sagen Sie, wenn …?

So gelingen schwierige Gespräche

Kennen Sie das? Sie fühlen sich kompetent in Ihrem Job und gefestigt in Ihrem Privatleben. Doch hin und wieder zweifeln Sie in überraschenden oder verzwickten Gesprächssituationen, wie Sie handeln oder reagieren sollen.
Grundlage dieses Buchs sind Fragestellungen und Situationen aus dem Berufs- und Privatleben. Irène Wüest gibt praktische Tipps und liefert konkrete Hinweise zur Problemlösung.
«Was sagen Sie, wenn …?» stärkt Ihre Handlungskompetenzen und verhilft Ihnen zu einem selbstsicheren Umgang mit Menschen – mit dem Ziel, nie wieder sprach- und ratlos zu sein.

Hanspeter Maurer,
Beat Gurzeler

Handbuch Kompetenzen

Arbeitsinstrument zur
Entwicklung überfachlicher
Kompetenzen

Das Handbuch Kompetenzen ist ein multifunktionales Arbeits- und Lerninstrument und ein ständiger Begleiter in sämtlichen Unterrichtsbereichen während der ganzen Aus- und Weiterbildungszeit. Der regelmäßige Einsatz des Handbuchs garantiert eine gezielte und wirkungsvolle Entwicklung überfachlicher Kompetenzen. Es ist der Klassiker für Projektarbeiten, Maturaarbeiten, Vertiefungsarbeiten und andere eigenaktive Tätigkeiten.